餐饮服务与管理实训指导

李　霞　　朱文霞　　贝秋红　主　编

电子科技大学出版社
University of Electronic Science and Technology of China Press

图书在版编目（CIP）数据

餐饮服务与管理实训指导/李霞，朱文霞，贝秋红主编. --成都：成都电子科大出版社，2024.1
ISBN 978-7-5770-0843-1

Ⅰ.①餐... Ⅱ.①李... ②朱... ③贝... Ⅲ.①饮食业-商业服务-高等职业教育-教材②饮食业-商业管理-高等职业教育-教材 Ⅳ.①F719.3

中国国家版本馆 CIP 数据核字（2024）第 031935 号

餐饮服务与管理实训指导
CANYIN FUWU YU GUANLI SHIXUN ZHIDAO
李 霞 朱文霞 贝秋红 主 编

策划编辑 刘 凡
责任编辑 刘 凡

出版发行 电子科技大学出版社
成都市一环路东一段 159 号电子信息产业大厦九楼 邮编 610051
主 页 www.uestcp.com.cn
服务电话 028—83203399
邮购电话 028—83201495

印 刷 成都市火炬印务有限公司
成品尺寸 170mm×240mm
印 张 13
字 数 176 千字
版 次 2024 年 1 月第 1 版
印 次 2024 年 1 月第 1 次印刷
书 号 ISBN 978-7-5770-0843-1
定 价 48.00 元

前言

随着我国经济进入新常态时期，产业结构升级调整使第三产业的作用越来越突出。作为第三产业的重要组成部分，旅游业在拉动内需、促进就业方面作用明显。餐饮业作为旅游业的支柱产业，对旅游业的可持续发展和社会生活质量的不断提高都有积极的作用。

“餐饮服务与管理”课程是高等院校旅游类专业的一门专业核心课程，在旅游专业人才培养中发挥着基础性、系统性及理论性的作用。通过学习本课程，学生可以掌握餐饮行业的业务内容和工作标准，树立餐饮服务意识和提高餐饮管理能力，为成为酒店餐饮部门或者独立餐饮企业优秀管理者奠定基础。

本书内容包括餐饮服务与餐饮管理两大部分，先从餐饮概述入手，然后比较详细和全面地阐述了餐饮服务基本技能、餐饮服务方式、菜单管理、宴会经营管理、食品原料管理、餐饮产品成本控制和价格管理、餐饮产品销售管理、餐饮服务质量管理等方面的理论与方法。本书在编写时，一方面，注重理论与实际的结合，根据我国餐饮行业市场的实际情况，通过大量的典型案例加深学生的理解，在让学生全面掌握餐饮服务与管理专业知识的同时，对学生进行必要的餐饮技能训练；另一方面，按照教学规律，遵循循序渐进、重点突出的原则安排教学内容。

本书在编写过程中借鉴了相关书籍中的一些观点和内容，在此向各位作者表示感谢。由于编者学识和能力有限，书中难免出现疏漏之处，恳请各位专家、同行和读者不吝赐教。

目录

第一章　餐饮概述………………………………………………………… 1

第一节　餐饮发展及文化………………………………………………… 1

第二节　餐厅认知 ……………………………………………………… 12

第二章　餐饮服务基本技能 …………………………………………… 24

第一节　端托服务技能 ………………………………………………… 24

第二节　餐巾折花技能 ………………………………………………… 30

第三节　摆台服务技能 ………………………………………………… 37

第四节　斟酒服务技能 ………………………………………………… 46

第三章　餐饮服务方式 ………………………………………………… 53

第一节　中餐服务 ……………………………………………………… 53

第二节　西餐服务 ……………………………………………………… 80

第三节　其他形式服务 ………………………………………………… 88

第四章　菜单管理……………………………………………………… 132

第一节　认识菜单……………………………………………………… 132

第二节　菜单的设计与制作…………………………………………… 140

第五章　宴会经营管理………………………………………………… 153

第一节　宴会的基本介绍……………………………………………… 153

第二节　宴会组织与管理……………………………………………… 159

第六章　食品原料管理……………………………………………… 169
第一节　食品原料的采购管理………………………………………… 169
第二节　食品原料的验收管理………………………………………… 179
第三节　食品原料的储存管理………………………………………… 187

参考文献……………………………………………………………… 201

第一章　餐饮概述

第一节　餐饮发展及文化

一、中西餐饮业发展概况

（一）我国餐饮业发展概况

1. 原始社会奠定了物质基础

考古发掘揭示了大约在170万年前，生活在中国这片土地上的人类祖先已经开始有意识地利用火来加工、烧烤食物。长江中下游地区的考古发现进一步显示，七千年以前，生活在今日浙江省余姚市河姆渡地区的先人已经大面积地种植水稻并饲养牲畜，食物的生产改善了人们的物质生活，并为餐饮业的发展奠定了物质基础。

2. 夏、商、周餐饮业成为独立行业

夏、商、周三代餐饮业逐渐成为一个独立的行业。菜肴的丰盛与精致程度足以令现代人叹服。周代时，中国出现了烹调食谱，《周礼·天官》中记录了我国最早的名菜——八珍。《楚辞》中所列举的酒类和食品已相当丰富。此外，周代的就餐礼仪极其讲究，从就餐垫坐的筵席数量和动用的鼎数多少就可以看出来：就垫坐的筵席而言，规定天子之席五重，诸侯之席三重，大夫之席二重；就承装菜肴的鼎而言，天子九鼎，诸侯七鼎，大夫五鼎。而商周时期，音乐助餐已经出现。《周礼·天官》记载："以乐侑食，膳夫受祭，品尝食，王乃食，卒食，以乐彻于造。"连餐后剩余的食物撤入厨房这一过程也是在音乐的伴奏下完成的。宫廷中专职服务人员及服务机构，在周代已具相当规模。

3. 汉唐时代餐饮业有了很大发展

“熟食遍地，肴旅成市”是汉代餐饮业的发展状况。汉朝与西域的通商贸易使中西部的饮食习惯、饮食文化互相流传。当时，长安市内高档客栈附近出现了大批的饮食店。各处通商大邑都设有“礼宾苑”“波斯邸”“客舍”“亭驿”，方便来往的官宦与客商有一个落脚解决食宿的地方，大街小巷到处都可看到肉店、酒店、熟食店，民间的交易行为较秦汉时期更多，烹调技艺更讲究，尤其在唐代，宫廷中因为有外邦使节频繁进贡，皇帝威权统治，官宴每顿都有名堂。

4. 宋代以后餐饮业已具相当规模

唐朝以后的餐饮筵席已从席地而坐发展为坐椅而餐。北宋著名的《清明上河图》向后人展示了当时汴梁人的市井生活，酒楼、茶馆成为画面的重要组成部分。南宋时期，出现了以地域来分类的饮食店，如南食店、北食店。元朝时期，出现了专门接待当时外宾的店铺，这类店铺不仅提供餐食服务，还提供住宿服务。明清时期，酒楼、客栈更是林立街头，清代的满汉全席更是为中国餐饮业写下了重要的一笔。

5. 晚清五口通商使沿海城市出现西餐馆

清朝晚期，西方的经济、文化、生活习惯传入中国，西菜在中国的沿海城市（广州、福州、厦门、宁波、上海）及天津、北京等地纷纷登场。此时也是中国各地招牌菜融合与发扬光大的时期，尤其以上海最为代表。中国各地传统菜肴也感受到与本土其他地区菜肴的商业竞争气息，纷纷在烹调与口味上树立招牌、自立门户、自成“本色”，发展出中国非常有名的八大菜系——鲁菜、川菜、粤菜、闽菜、苏菜、浙菜、湘菜、徽菜。

6. 改革开放后餐饮业步入正轨

改革开放以来，伴随着中国社会经济的进步与发展，中国餐饮业在行业规模、企业水平、社会影响和经济拉动作用等方面都发生了深刻的变化，大致分为四个发展阶段。

（1）起步阶段

20世纪70年代末至80年代中后期，我国餐饮业在政策上率先放开，政策的开放引导和各种经济成分的共同投入，使餐饮行业的发展取得新的突破和发展。特别是社会上出现的个体私营的中小型网点，以价格优势、灵活的服务方式赢得了市场的认可。

（2）数量扩张阶段

20世纪80年代末至90年代中期，社会需求逐步提高，社会上投资餐饮业的资本大幅增加，餐饮经营网点和从业人员数量快速增长，国际品牌也纷纷进入，外资和合资企业涌现，行业蓬勃发展。同时，餐饮业发展积极调整经营方向，面向家庭大众消费，满足市场需求，使餐饮业焕发出新的生机。

（3）规模连锁发展阶段

20世纪90年代中期至21世纪初期，我国餐饮企业实施连锁经营的步伐明显加快，在全国范围内，很多品牌企业跨地区经营，并抢占了当地餐饮业的制高点，市场业态更加丰富，菜品创新和融合的趋势增强，各地代表性连锁餐饮企业不断涌现，规模化、连锁化成为这一阶段的显著特点。

（4）品牌提升战略阶段

进入21世纪以来，我国餐饮业发展更加成熟，增长势头不减，整体水平提升，一批知名的餐饮企业在外延发展的同时，更加注重内涵文化建设，培育提升企业品牌，积极推进产业化、国际化和现代化进程，综合水平不断提高，并开始输出品牌与经营管理，品牌创新和连锁经营力度增强，行业发展步伐加快。

（二）西方餐饮业发展概况

1. 西方餐饮业发展史

西方的餐饮业起源并不晚于中国，不同于中国的是，其表现形式多为酒吧、快餐或是伴随着旅馆而出现。

西方餐饮业源于公元1700年小客栈的出现，小客栈是一种小规模餐饮店铺，发现于赫冈兰城的废墟中，从中可以看出当时古罗马帝国人民的饮食习惯因商旅活动频繁而得到普及，但是若论有系统且具规模的经营，则要到17世纪以后，欧洲文艺复兴的中心意大利，随着艺术、科学、经济的发展，博众家烹饪技术之长，形成了奢华、典雅、排场、华丽的独具特色的烹饪形式。

18世纪末期，由于英国工业革命的影响，整个欧洲交通运输行业发展较快，火车、轮船等公共运输工具的发展尤其快速，从而带动了旅游风潮，餐饮业与旅馆业因而发展快速。随着商业贸易与观光业的盛行，餐饮业从业者为迎合顾客需求以提升竞争力，在质量上开始讲究，在服务上开始出现桌边服务，大幅提升了餐饮文化的层次。

在美国，由于最初的移民来自英国，因此传承了不少欧洲饮食文化，南北战争之后，美国本土化的饮食模式才逐渐发展起来，西部拓荒史的荒野简餐以及牛仔酒吧就是美国餐食最主要的特色之一，而麦当劳快餐就是在这种理念下诞生的，如今风靡全球，可以说是最具代表性的美式餐食文化。

2. 影响世界餐饮业发展的西方国家

(1) 古希腊

古希腊人对餐饮业的贡献主要体现在两个方面：为了使餐桌上的鹅足够肥，喂养时用浸湿的谷物进行填食，与我们今天的北京烤鸭相似；约3世纪，雅典人发明了冷盘手推车，厨师将大蒜、海胆、用甜葡萄酒浸过的面包片、海扇贝和鲟鱼装在盘子里并放在手推车上推入餐厅供人们选择、享用。这些仍然影响着今天的餐饮业。

(2) 古罗马

古罗马人对当今餐饮业的最大贡献就是创造了西餐的雏形。通常认为，最早的西餐起源于意大利，而从专业的角度看，就餐时人们使用的餐巾是由古罗马人引入餐馆的。此外，餐桌上放置玫瑰花，举行重大宴会时报菜名等做法均由古罗马人最早在餐厅中采用。

（3）法国

中世纪时期及之后的法国对世界餐饮业发展的贡献主要表现在：法国人使西餐的发展达到了很高的程度，法式西餐的选料、烹饪、服务在全世界都是非常有名的；由于历史上路易王朝中有几位国王对西餐烹饪、服务礼仪相当重视，使得法式西餐有着华贵、高雅的风格。

（三）我国餐饮业的转型升级

对餐饮业而言，餐饮业的转型升级就是要转变餐饮产业的发展方式、发展模式、发展形态，实现餐饮产业由粗放型向集约型发展转变，由注重规模扩张向扩大规模和提升效益并重转变，由注重经济功能向发挥综合功能转变。

1．餐饮业转型升级之路

中国烹饪协会在充分开展企业调研和咨询服务的基础上，通过分析各类重点餐饮企业的典型做法和成功经验，认为餐饮企业应从自主创新，信息化经营管理，绿色、低碳、可持续发展，品牌战略四个层面加速企业的转型和自我升级改造，不断提高竞争力，促进产业规模和产业能力的协调进步和均衡提升。

（1）自主创新

凭借创新驱动企业转型升级，包括商业模式、服务和体制的创新。商业模式的创新包括：高端餐饮企业多业态经营大众化转型，西方快餐菜品创新研发与本土化相结合，本土餐饮企业给便利店代工供快餐，产业链整合，多元化跨领域发展。服务的创新包括：服务经济向体验经济的延伸；拓宽服务领域，跨越时空、地点的“房车餐饮”提供餐饮服务。体制的创新包括：实现前方品牌企业连锁化、后方品牌产品产业化的双轮驱动产业链布局。

（2）信息化经营管理

若要以信息化经营模式优化整合企业管理，可以从电子商务运作促进市场开源，运用信息化系统加强内部节流，依照信息化经营模式助推管理提升，以及建立“智能化餐厅”提升“就餐”效率等方面展开。

（3）绿色、低碳、可持续发展

餐饮企业节能降耗可促进行业可持续发展，节能降耗工程长期回报丰富，利用中央厨房可以实现高效节能并降低人工成本，新节能设备的使用会极大提高经济效益。“从田间到餐桌”实现食品安全一体化，从而保证了食品安全及溯源。

（4）品牌战略

实施品牌发展战略，可以提升中餐的品质和层次。通过“大牌带副牌”的方式调整战略定位，提高企业竞争力；用美食文化扩大品牌影响力，增加品牌附加值；创新发展“老字号”品牌，传承中华饮食文化精髓；推动中餐品牌文化，提升中餐国际化的品质和层次。

2. 现代餐饮服务业转型升级的建议

现代餐饮服务业的转型升级是一项系统工程，不仅包括微观主体餐饮企业的转型升级，还要加快产业分工的深化。行业组织的转型升级是企业、产业、行业层面的转型升级。在转型升级成为餐饮业共识和选择的时期，餐饮企业面对着复杂多变的内外部环境，不仅需要勇往直前的勇气，更需要谨慎与理性。

转型升级需始终坚持两大原则，即坚持市场导向原则和协调发展原则。企业的市场定位、产品创新、转型升级成功与否在很大程度上取决于是否精准了解、满足消费者的需求。餐饮业转型升级要不断优化内部结构，推动高中低端餐饮、大中小企业协调发展，提高餐饮业的普惠性、便利性、和谐度。

转型升级还需正确处理好两大关系，即正确处理专业化和多元化的关系、正确处理发展阶段和转型路径的关系。企业应在强基固本的基础上合理掌握横向一体化和纵向一体化的“度”，有选择地多元化发展。转型升级应遵循客观规律、立足企业实际，积极探索各种有特色的转型道路。

二、餐饮文化

（一）餐饮文化的概念

餐饮乃人类赖以生存的基础，文化是人类得以发展的必要工具，它们虽然同是人类的基本需要，前者属于物质范畴，后者属于精神范畴，二者似乎没有必然的联系，可谓“风马牛不相及”。然而，当人类生存得以保证，基础文化知识得以普及之后，文化这一精神产品便潜移默化地渗透到各个领域中，派生出诸多文化现象来，如企业文化、产品文化、行业文化、食品文化、商业文化、烹饪文化、餐饮文化等。这是各行各业繁荣昌盛的前奏，是促进各行各业蓬勃发展的必要条件。

餐饮文化是人类在整体餐饮活动中逐步形成的价值观念、行为规范、群体意识、传统习惯和经营理念等精神财富的集中反映。也就是说，餐饮文化是餐饮活动在千百年来的实践中所反映出来的文化现象的总和。

（二）餐饮文化的范围与内容

餐饮文化的范围较广，它包含着人类餐饮活动的各个环节、各种方式和各种方法（如原料的选用和搭配、烹饪方法、进食忌宜、膳食结构、食风食俗等），以及餐饮行业在加工、生产、销售、服务过程中所反映、创造和传播的种种特有的文化现象。餐饮文化既有精神的，也有物质的；既有宏观的，也有微观的；既有有形的，也有无形的；既有客观的，也有主观的。餐饮文化主要包括以下内容。

1. 观念文化

观念文化是指围绕餐饮活动所产生的一切思想、观念和认识等观念形态的物质。观念文化虽然是无形的，但是对人们的餐饮活动起着重要的指导作用。从家庭（个人）餐饮活动来说，只有具备正确的餐饮理念，才能有规律的餐饮方式和科学的餐饮内容。再从社会（行业）餐饮来说，其观念文化的表现更为丰富，它包括了行业的价值观，企业的经营思想、职业道德、企业精神、企业作风等方面的内容。行业餐饮的观念文化对企业的经营方式、经营手段及管理的模式与方法都起着至关重要的作用。

2. 制度文化

制度文化（也称为“行为文化”）是指直接用以规范企业群体以及职工个人行为准则的一种文化现象。俗话说，“无规矩不成方圆”。企业的规章制度应该是企业的“法律”，同时是员工行为的准绳；此外，它还是劳资之间权益保障的合约。所以我们说，企业各项规章制度的确立，离不开管理者对制度文化的理解和运用，这都是制度文化的反映。

餐饮企业制度文化包括两大类：一类是组织管理制度，包含企业内部机构设置和员工的职责分工；另一类是经营管理制度，包含财务、人事、卫生、出/入库等专业管理制度及经营手续制度等。

3. 环境文化

餐饮企业环境文化的蕴含也比较丰富，它包含着企业外部与企业内部的诸多内容，大致可分为两大类：一类是宏观环境文化，也就是外部对企业的支持、干预程度，如国家和地方政府制定的各种政策、法规和管理办法等，以及金融、税务、环保、卫生和社会治安、市容管理、交通、通信等方面的客观条件；另一类是餐饮企业本身所创造的环境文化，亦称微观环境文化，如店堂的布局装饰、设施设备的齐备程度、橱窗设计、店招广告，以及洗手间、停车场、游乐厅等附属场地设施。企业内部环境文化的创建，对改善员工的劳动环境和劳动条件，激发员工的积极性，提高劳动生产率，都起着重要的作用。

4. 伦理文化

伦理是指在社会中人与人之间的道德关系、情感的表达方式及其行为规范。餐饮企业中领导与员工之间、员工与员工之间、员工与顾客之间，都是人与人的交往，都需要建立关系、联络感情、沟通思想，如此才能做到互相信任、互相支持、互相理解、互相帮助。这就需要一定的伦理文化来加以约束与规范。我们当然不赞成封建社会等级森严的道德伦理关系，也不提倡那种逆来顺受、自卑自弱的关心，而是倡导一种“敬业爱岗、自强不息、平等友爱、助人为乐”的新型关系。

5. 烹饪文化

中国烹饪是艺术，是国宝，也是文化。中国的烹饪文化源远流长，经历数千年的传承发展、革故鼎新，以食料广博、烹技精湛、刀技绝伦、讲究火候、食雕艺美等著称于世，是我国餐饮文化中的重要内容之一，主要表现如下。

第一，食料广博。中国烹饪中可供进食的原料有上万种。据《烹饪原料学》中“中国烹饪原料分类表”的记载，按主配料、调味料、佐助料三大部分统计，就有家畜类、家禽类等几十类、几千种主副原料和加工制品。

第二，烹技精湛。中国烹饪由石烹火燔开始，历经数十万年的进化演变和数百代厨师的口传手授，发展到如今有炒、煸、烹、爆、熘、炸等几十种主要烹饪技法。

第三，刀技绝伦。中国厨师历来讲究刀工、刀法，其功力之深厚、运用之娴熟，堪称世界一绝。他们运用切、片、砍等技法，不仅能将原料顷刻变成丝、片、丁等形状，还能“绸布切丝无刀迹，光背斩肉体无痕”。更为称绝的是厨师的整料取骨技术，他们将鸡、鸭、鱼、兔等整只原料，通过翻、剥、斩、剐等手法，把其中的骨头全部剔出，而原料本身外形无损、完整如初，令人叹为观止。

第四，讲究火候。中国烹饪历来讲究火候。春秋时就有“火之为纪，时疾时徐”的告诫。至唐代又把烹饪的特点归结为“唯在火候，善均五味”。可见火候在中国烹饪中的重要性。火候虽然只有文火、武火之分，明火、暗火之别，中火、微火之说，但运用之妙，存乎一心。

第五，食雕艺美。食雕艺术亦为中国烹饪中的一朵奇葩。现今食雕艺术不仅发展到瓜果雕、菜蔬雕、食物雕、琼脂雕、糖雕、冰雕等领域，雕刻的手法亦有凹雕、凸雕、圆雕等多种技法，增加了食雕的观赏性和食用价值。

6. 面食文化

中国约占 2/3 地域的人们习惯食用面食，包括华北、东北、西北及华东、华中部分地区在内。面食，一般是对面粉制品的泛称。无论麦、粟、菽、黍、玉米、高粱之类的面粉制品，也不管有馅无馅、是否掺杂肉菜调料，更不论是用蒸、炸、煮、烤、烙不同技法制作的面粉成品，广义上统称为“面食”。而在素有“面食之乡”美誉的山西，由于全省境内无论祭祀供品、节令食物、日常三餐，或是民俗食品大多以面粉制作，故对面食制品另有分类，一般分为面饭、面食、面点、面品四大类。

7. 小吃文化

全国各地大都有各种风味小吃，这些小吃有三个最显著的共同特点：一是小吃的原料以当地土特产原料为主，或以当地特殊工艺制作，如云南的过桥米线、浙江的千张包子、北京的栗子糕和豌豆黄、上海的生煎馒头等；二是小吃的品种风味大都与当地的民俗风情、食俗食习相关联，如陕西的羊肉泡馍、辣子蒜羊血，山东的甜沫，湖北的三鲜豆皮，广东的肠粉，四川的担担面等；三是凡是著名小吃，多具有名人效应，附有诸多历史名人的逸闻传奇，因此具有深厚的文化底蕴，如江苏吴山酥油饼、安徽大救驾、广东粉果、湖北东坡饼、河北酸辣疙瘩汤、山西头脑等。总之，民间的风味小吃能流传民间千百年而不衰，自有其独特魅力和民俗文化底蕴。

8. 药膳文化

药膳是中国餐饮对世界餐饮的一大特殊贡献。中国餐饮早在 3000 年前就提出了“五谷为养、五果为助、五畜为益、五菜为充”的理念，讲究“医食同源”和“食饮有节”。药膳的种类已发展到饭食类、面食类、点心类、菜肴类、粥类、汤类、酒类、茶类、饮品类等数千个品种。随着人们对健康的重视，药膳文化必将进一步在人们的日常生活中普及，对大众的健康长寿发挥更大的作用。

9．烹具文化

中国餐饮几千年的演变和发展离不开中国烹具的发明与进化。周口店北京猿人的发现证明了中国是世界上最早用火熟食的民族，用火熟食是人类与动物的分水岭、文明与野蛮的分界线，也是人类跨入文明的里程碑。之后，人类由火燔石烹，进而到陶烹、铜烹时期。漫长的2000多年的铁烹时期，也是中国封建王朝从建立、兴盛到衰亡的时期。从汉代铁鼎、铁釜的问世，到用以煎茶、烧水的铫和炸、煎、炒食物的镬，再到隋唐两宋时期传热迅速、轻巧灵便的铁制烹具得以广泛发展，锅、勺、刀、镬等用具日趋实用，结构、造型更加合理，进一步推动了烹调技术的发展。改革开放以来，我国国力不断增强，生产持续发展，人民生活水平逐渐提高，中国餐饮也快步跨入由铁烹与电气烹相交替的新时代。煤气灶、电饭锅、微波炉、电磁灶等应运而生，粉碎机、切菜机、绞肉机、拌馅机、饺子机、包子机、馒头机、消毒机等相继问世，为中国餐饮业的发展提供了更为广阔的天地。

10．器皿文化

人们常用色、香、味、形、器来显示中国美食的丰富多彩，可见器皿在中国餐饮中的地位。中国的食器是社会生产力发展到一定程度的产物。原始农业出现后，我国开始出现彩陶文化和黑陶文化，也开始有了食器。进入奴隶社会以后，由青铜制作的匕、箸、豆、盘、壶、觯及玉、漆、象牙等食器出现。至汉代，随着美食的增多，食器不但品种增加，而且造型美观，并讲究雕文雕漆。唐宋时期，随着餐饮的繁荣，美食迭出，美器争奇。似雪如玉的白瓷，色彩葱翠的龙泉瓷，红若胭脂的钧州瓷，薄如纸、声如磬的青瓷相继出现，使食与器的搭配达到非常和谐的境界。明代以后，陶瓷餐具的形式更多样、花色更齐全，洪武窑、永乐窑、宣德窑、正德窑、嘉靖窑等诸代产品各具特色。清康熙年间，宫廷中出现了珐琅彩食器，并饰有与菜点内容相关的图案。

11. 食俗文化

食俗是指由于受到政治、经济、地缘气候、民族宗教、语言文字等诸多影响而形成的一种群体性的餐饮生活习惯，是一个国家历史文化传承的一个重要方面。中国食俗文化包括：年节食俗文化，如春节、元宵节、清明节、端午节、中秋节、腊八节等；居家日常食俗；人生礼仪食俗，如婚嫁礼、喜庆礼、丧葬礼等；餐饮行业食俗，如接待礼仪、行话术语、店名店招、厅堂设置、经营方式、风味特色等；乡土食俗，如餐饮习惯、菜品特色、食礼席规等；其他民族食俗。

12. 服务文化

服务文化是餐饮行业中的另一项重要内容。过去在餐饮行业曾有“头堂二灶三先生”之说。把堂信（服务员）的位置摆在了厨师和管理人员之前，说明了服务工作的重要性。现今许多餐饮企业招聘服务员，也大都对形象有一定的要求，因为服务员就是企业的形象代表。如果接待的是外省市客户，服务员就成了本地区的形象代表，如果接待的是外国客商，服务员又成了国家的形象代表，当然应该好中选好、优中选优。但是好、优的标准绝不仅仅指外表，他们还必须有一定的文化素养、娴熟的服务技能、丰富的烹饪知识，以及敏锐的观察力和应变能力。

第二节　餐厅认知

一、餐厅的类型、特点及组织机构

（一）餐厅的类型和特点

1. 中餐厅

中餐厅是我国饭店的主要餐厅，环境和服务方式体现了中华民族传统文化，主营粤、川、苏、鲁、浙、湘、徽、闽、京、沪等菜系，提供不同规格、档次的餐饮服务。

2. 西餐厅

西餐厅是西方饮食文化的缩影，以经营法、意、德、美、俄式菜系为主。西餐厅中的高档法式餐厅（扒房）最为典型，以供应法式菜为主，多采用法式服务，相当一部分菜肴需要在客人面前烹制，餐厅布置豪华、优雅，富有浪漫情调，设备、设施配置精良、一流。

3. 咖啡厅

咖啡厅的营业时间长，一般 24 小时营业，服务快捷、大众化，主要经营咖啡、酒类饮料、甜点、小吃、时尚美食等。

4. 自助餐厅

自助餐厅的经营以自助为主、零点为辅，是举办美食节的主要场所。其餐台固定，装饰精美，极具艺术渲染力，配合灯光使菜点更具美感和质感，使人食欲大增；菜点丰富，盛器注重个性，摆放讲究层次；烤肉等大菜配有值台厨师帮助宾客烹饪、切割、装盘。

5. 特色餐厅

特色餐厅是餐饮文化发展到一定阶段的产物，具有鲜明的地域、历史、文化等人文特征，它对餐饮文化或是继承，或是发展，或是创新，或是反思，代表了目前菜肴制作水平和餐饮企业经营策略的较高水准，也体现了管理者的经营思想和对市场的敏感程度。

6. 各类酒吧

19 世纪中叶，随着旅游业的发展和饭店业的兴起，酒吧作为一种特殊的服务业进入了饭店的经营范畴。经过发展的酒吧已成为出售酒品、让公众休息聚会的场所。在酒店中，主酒吧又称英美式酒吧，客人直接面对调酒师坐在吧台前，目视调酒师的操作。主酒吧装饰典雅、格调别致，也是豪华大饭店的标志性的餐饮场所。酒廊有两种形式：一是大堂酒廊，又称为大堂吧，设在饭店大堂，格调与大堂相似，主要作用是让客人暂时休息、等人或等车；二是夜总会酒廊，通常附设于饭店娱乐场所，向客人提供各类酒水饮料和小吃果盘等。宴会酒吧是根据宴会的形式、规格和人数临时设立的酒吧，常设置于鸡尾酒会、冷餐会等主题餐饮活动中，注重气氛的设计。

7. 多功能厅

多功能厅是宴会经营活动的重要场所，通常以一个大厅为主，周围还有数个不同风格的小厅，与之相同或相对独立，可以根据客户要求，用隐蔽式的活动板调节大小。它具有多功能性，不仅可以用于商务会议、学术研讨等活动，还可以用于文艺演出、展览等文化活动。

8. 其他种类的餐厅

其他种类的餐厅表现形式多样，如主题餐厅、旋转餐厅、花园餐厅等。

(二) 餐厅的组织机构

组织机构是为完成经营管理任务而结成集体力量，在人群分工和职能分化的基础上，运用不同职位的权力和职责来协调人们的行动，发挥集体优势的一种组织形式。

餐饮组织机构是针对企业餐饮经营管理目标，为筹划和组织餐饮产品的供、产、销活动而设立的专业性业务管理机构。

组织机构是有效开展业务经营活动的组织保证。组织管理学家巴克斯克先生指出，领导的职责就在于成功地设计一种组织，并委派最恰当的人选，然后致力于按照组织原则促使大家去达到目标。

1. 设置餐饮组织机构的原则

(1) 精简与效率相统一的原则

精简的目的是减少内耗、提高效率。因此，精简和效率相统一的主要标志包括：配备的人员数量与所承担的任务相适应；机构内部分工粗细得当，职责明确；每个人有足够的工作量，工作效率高，应变能力强。

(2) 专业化和自动调节相结合的原则

专业化和自动调节相结合的主要标志如下：组织机构大小同企业等级规模相适应，内部专业分工程度同生产接待能力相协调，专业水平和业务能力同工作任务相适应，管理人员能够在不断变化的客观环境中主动处理问题，具有自动调节的功能。

(3) 权力和责任相适应的原则

权力和责任相适应的标志如下：组织机构的等级层次合理，各级管理人员的责任明确，权力大小能够保证所承担任务的顺利完成，责权分配不影响各级管理人员之间的协调与配合。

2. 餐饮组织机构的设置方法和步骤

餐饮管理组织机构的设置方法根据企业性质、规模大小、档次高低、接待对象的不同而有所差异。从总体角度看，其设置方法主要分为四个步骤。

（1）根据企业性质和投资结构，选派产权代表，确定组织领导体制

我国餐饮业主要由饭店、宾馆的餐厅，相对独立的餐馆、酒楼等组成。它们的企业性质和投资结构各不相同。从组织机构设置的角度来看，在市场经济条件下，任何企业的组织领导体制都是由投资结构决定的。因此，建立餐饮管理组织机构，要根据企业性质和投资结构选派产权代表，确定组织领导体制。这里分为以下两种情况。一种是饭店、宾馆的餐厅。它们不是一个独立的企业，而是企业内部的一个部门，尽管其规模、档次一般高于餐馆，但是它们没有企业法人的资格。因此，饭店、宾馆建立餐饮管理的组织机构，其产权代表就是饭店、宾馆的总经理或董事长，由他们来研究、确定其餐饮管理的组织领导体制。一般来说，这种组织领导体制就是总经理或董事长领导下的部门经理负责制。另一种是餐馆。它们大都是一个独立的企业，根据投资结构不同，其第一投资人也必然派出产权代表担任总经理或董事长，由他们来研究、确定餐馆的组织领导体制。

（2）根据规模档次和接待对象，确定餐饮管理组织机构的大小和形式

在餐饮管理组织领导体制确定的基础上，饭店、酒店、餐馆的餐饮管理组织机构的大小和形式都是由其规模、档次和接待对象决定的。例如，一星级、二星级的中小型饭店，其餐厅数量往往只有 2～4 个，档次亦不高，座位数量也相对较少，因而内部机构必然简单；一般中型饭店，大多只有 2～3 个餐厅和配套厨房，档次多在三星级左右，因而其组织机构的规模和形式较简单；四星、五星级的大型饭店，其餐厅数量多为 7～8 个甚至十几个，各种风味齐全，档次很高，其组织机构的规

模和形式就复杂得多。

（3）根据专业分工确定部门划分和岗位设置，制定各岗位职责规范

在组织机构的规模和形式确定的基础上，根据各岗位具体任务，确定内部的部门划分和岗位设置。例如，大型餐饮企业可以设餐厅部、厨房部、酒水部，有条件的大型饭店还可以设置独立的宴会部，再确定各部门的下级归属，设置各种岗位；而小型饭店、宾馆则完全不必这么复杂，只需设置 1～2 个小餐厅或几个岗位即可。

在部门划分和岗位设置的基础上，还应根据不同岗位的任务、职责、权限，分别制定出各个岗位的职责规范。其内容应该包括不同岗位员工的学历、资历、专业、经验、仪表、语言等基本条件和具体职责规范，以保证组织机构中各岗位人员的选择和任用。

（4）根据各岗位工作任务和职责规范，选派人员，形成正式、有效的组织

现代企业组织机构的设置和建立，除组织形式、管理体制外，关键在于各岗位人员的选择和任用。餐饮管理的组织形式一经确定，就要按照不同岗位的工作任务、任职条件和职责规范去选派人员，特别是高中层管理人员的选择和任用，直接决定了企业组织管理水平的高低，是能否做好餐饮管理的关键。因此，根据岗位任务、职责规范、任职条件选派人员，做到能级相应，对号入座，也是餐饮管理组织机构设置的重要工作之一。

3. 各规模餐厅人员组织架构

小型餐厅餐饮部组织架构如图 1－1 所示。中型餐厅餐饮部组织架构如图 1－2 所示。大型餐饮企业餐饮部组织架构如图 1－3 所示。

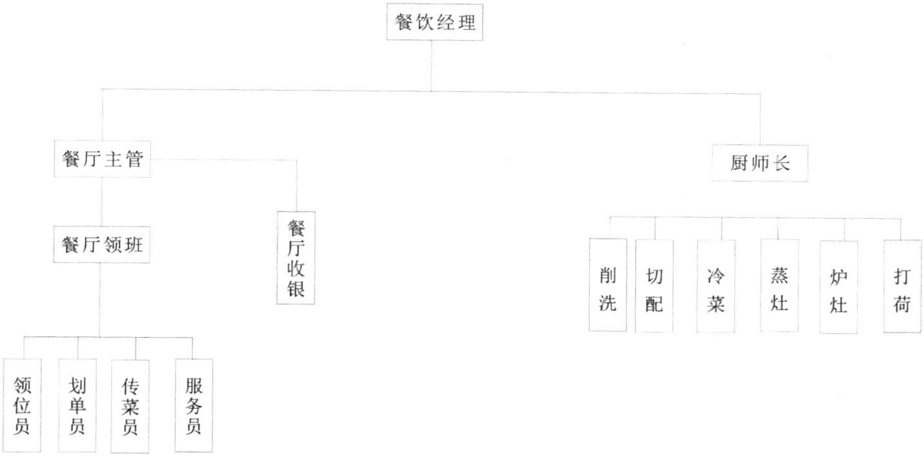

图1—1　小型餐厅餐饮部组织架构

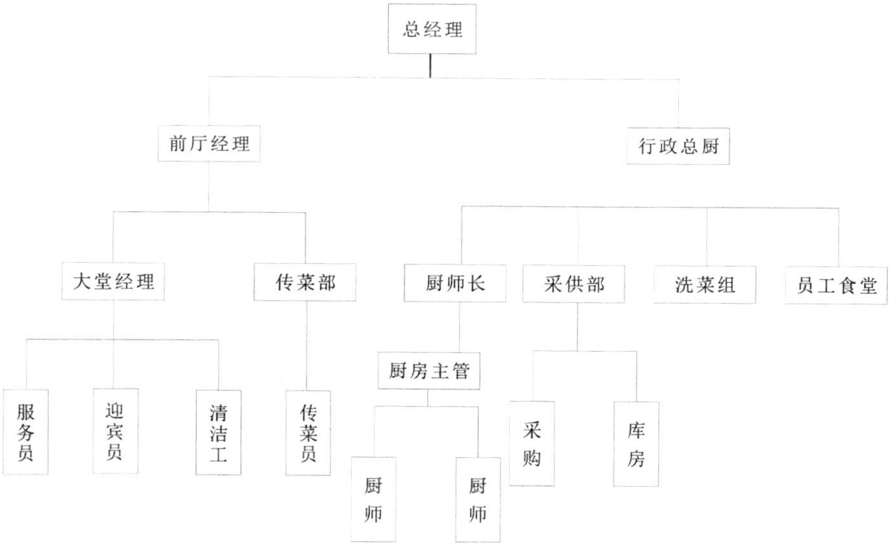

图1—2　中型餐厅餐饮部组织架构

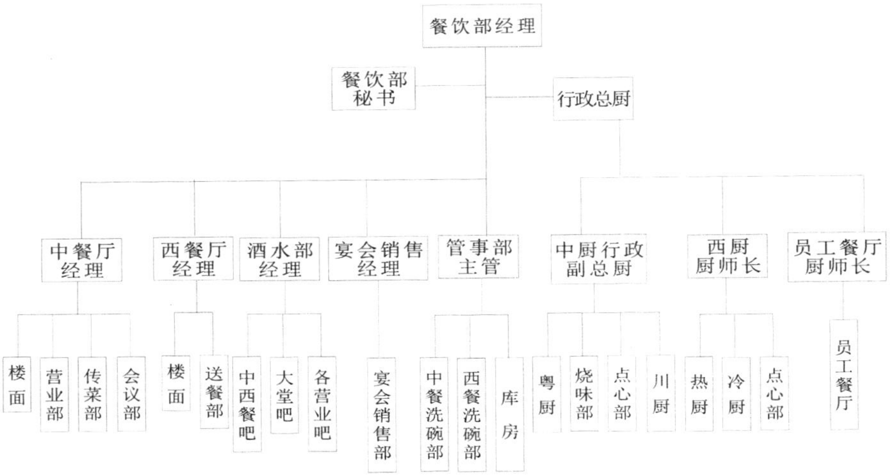

图 1－3　大型餐饮企业餐饮部组织架构

（三）餐饮组织的创新与挑战

餐饮组织创新指在餐饮经营中，管理人员对餐饮组织目前创造价值的方法和运作程序进行评估和整合，使其摒弃落后的经营方法和机制，通过技术的创新及设备、人员结构的创新来创新组织结构。餐饮组织调整指饭店为了生存和发展，对不利于餐饮经营的组织结构和部门及岗位进行调整，包括对部门的职权关系、集权程度和岗位职责等的调整。

目前，一些大型饭店在原有营销部的基础上，成立了餐饮营销部。为了适应餐饮经营的需要，计算机点菜系统、餐饮销售分析系统被普遍采用；同时，采用透明厨房、冷藏展示台、酒架、各种服务车、自动烹调炉和多功能切割设施来提高餐饮销售率。此外，在经济发达国家的饭店，餐饮部普遍购买半成品原料以减少食品原料初加工环节，降低人工成本。由于顾客餐饮消费理念的不断发展和变化，目前餐饮市场对大众化西餐、中式快餐、有特色的中餐菜肴等需求量增加。因此，随着餐饮市场的变化，饭店餐饮组织应适时调整，不断提高自身的核心竞争力。

1. 餐饮组织创新与调整的内容

（1）组织结构

组织结构创新与调整指通过改变职务结构及职权关系提高餐饮部工作绩效。组织结构的改变通常涉及职务或岗位的再设计，从而使一些职务的工作内容和职责发生变化。组织结构创新与调整还包括上下级关系的改变。例如，在饭店创业阶段，部门经理常直接管理各类经营细节工作，下属二级部门业务主管人员没有自主权和决策权，但是饭店餐饮经营到一定规模或具有较高星级时，业务主管人员会扩大自主经营权。

（2）人员

人员创新与调整指餐饮经营目标发生变化时，饭店对职工态度、技能及知识的要求也随之变化。饭店常在企业内外选择满足饭店发展需要的职工，向现有职工提供适当的培训，提高职工的知识和技能水平，淘汰或调整一些不能胜任的餐饮管理和技术人员。人员调整的最终目标在于提高餐饮经营能力，使职工能胜任饭店餐饮经营工作。

（3）环境与文化

饭店工作环境直接影响着职工的工作效率，环境创新与调整指通过优化工作场所的空间结构、设备布局及减少噪声等措施提高工作效率，进而优化组织结构。通过创新企业文化，增强职工的经营意识和社会责任感，优化餐饮部二级职能部门和职务，调整或创新原来的工作流程，更新生产和服务设施，采用新工艺和新方法生产菜肴和销售餐饮等提高餐饮经营效益和产品质量。

2. 餐饮组织的调整方式

（1）改良式

改良式组织调整是采取逐步过渡的办法，对原有餐饮组织结构做部分调整，其优点是能根据饭店当前的经营需要，局部地调整组织结构，不打破传统的经营理念和方法；缺点是缺乏总体组织调整规划。

（2）重组式

重组式组织调整是放弃原有的餐饮经营组织，建立新的组织结构。这种方法适用于那些经营失败并且人员老化的饭店餐饮部。采取这种方式时应谨慎，必须保证新建立组织的有效性，否则容易使职工产生不安全感，造成士气低落，影响经营。

（3）计划式

计划式组织调整是经过科学而周密的筹划，先制订出理想的餐饮部组织调整方案，再有计划、有步骤地实施部门与人员的调整。其特点是考虑餐饮经营可持续发展的需要，使职工有思想准备，效果比较理想。

二、餐饮经营的特点

（一）餐饮的生产特点

餐饮生产的特点，主要指厨房产品和吧台产品（包括菜肴、面食、点心、小吃及酒水等）在加工生产过程中所形成的特点。把握餐饮生产特点，有利于餐饮企业在经营管理中明确菜点和饮品生产过程中所要遵循的原则。

1. 生产的手工性与技艺性

生产的手工性是指大部分菜点的加工需大量的手工劳动，如炉灶烹调、打荷控制、出品盘饰等均是手工劳动的结果。生产的技艺性是由烹饪的特点所决定的。几乎每类菜点均不同程度地蕴含了不同的烹饪技术。在管理中，有效运用标准化食谱，加强对厨房生产人员的各类技术培训，强化环节控制，适度工业化与标准化生产，减轻手工劳动强度，提高工作效率并加强与服务的联系，显得尤为迫切。

2. 生产批量小，生产不易预测

在生产中，大批量制作的菜点在一定程度上会降低消费者的满意度，影响企业经营特色。此外，零点餐厅的厨房生产不易均衡地完成对销售菜点的定量化配份与烹制，只能依据企业经营的基本情况给予粗略估计。在餐饮管理中，加强经营预测与销售历史记录的管理，有利于厨房生产准备，避免生产的盲目性，从而保证厨房生产的相对准确性。

3. 生产的即时性与及时性

生产的即时性是指菜点食品加工、生产的速度快，生产过程紧凑，通常与就餐者点餐时间几乎同步进行。生产的及时性是指顾客完成点菜后，厨房必须马上加工烹制，尽量缩短消费者的等待时间。另外，厨房烹饪完成的菜点必须尽快端上客人餐桌。因此，餐厅管理者必须加强对厨房生产速度的管理督导。

4. 生产原料及成品的不易储存性

餐饮生产大多数原料是鲜活货，具有很强的时间性，处理不当极易腐烂变质。厨房生产的绝大部分菜点，一经烹饪完成，需尽快销售给消费者，否则将不能保证出品的风味特色和质量。厨房产品，特别是特色佳肴部分，均为现点烹饪，不宜提前预制，也不可提前生产加以储存再销售。因此，在管理中，加强对厨房生产成品的控制，加强规范生产，是确保餐饮产品质量的基础，更是餐厅维护特色经营、保证品牌质量的关键。

5. 生产过程的管理难度较大

餐饮部的生产从食品原料的采购到验收、储存保管、领用、粗加工、切配、烹饪、销售服务，整个过程中的业务环节很多，每一个业务环节都有大量不易控制的因素。任何一个环节的差错都会影响产品质量，给生产过程中的管理带来极大的难度。因此管理者需要随时、有效地督查，如此才能最大限度地降低出现差错的可能性，保证餐饮生产质量。

（二）餐饮的销售特点

餐饮产品的销售是餐饮企业重要的经营环节，把握餐饮企业的销售特点，有利于餐饮企业在经营管理中最大限度地提高顾客满意度和获取利润，进而实现既定的销售目标。

1. 销售量受时间和空间条件限制

销售量受时间条件限制是指人们的就餐时间大致相同，餐饮就餐时间呈现明显的间歇性。销售量受空间条件限制是指接待客人的人数受到餐饮经营面积的大小、餐位数量多少的限制。因此，餐厅应根据餐饮消费需求与顾客意愿，尽量有效地利用营业时间，并在有限的营业时间内，提高座位周转率与人均消费量，加强餐饮促销管理，以形成最大接待能力，实现最大销售量。

2. 销售毛利率高、资金周转快

饭店餐饮部的毛利率一般在50%～60%，因此企业利润高。大多数餐饮原料从采购、生产到销售都在一两天以内。因此，餐饮经营资金回笼快、周转快。

3. 产品销售以零售直销为主

餐饮产品是直接销售给最终消费者的，因此，餐饮销售属商业零售。餐饮产品的特殊性决定了饭店餐饮销售很难做实物推销，很难在客人决定购买之前让客人试用，增加了餐饮销售的难度；而零售直销特性又使餐厅很难利用中间商将餐饮产品批发给客人。因此，餐厅如何利用自身品牌形象和产品特色来吸引众多散客便成为餐饮经营的重要工作；同时，餐厅营销人员积极开展团队、宴会营销也成为餐饮营销的主要工作。

(三) 餐饮的服务特点

餐饮服务是餐厅员工为就餐宾客提供菜点、酒水等活动的全部过程。餐饮服务可以分为前台服务和后台服务。前台服务是指餐饮营业场所的工作人员面对面地为宾客提供的服务；后台服务是客人视线之外的餐饮服务，包括厨房、管事部、原料采购与保管等部门为餐饮生产、服务而进行的工作。前台服务是后台服务的继续和完善，后台服务是前台服务的基础，二者相辅相成。

1. 无形性

同其他任何一种服务一样，餐饮服务不能够量化。餐饮服务的无形性是指餐饮服务只能在就餐宾客购买并享用了餐饮产品后，凭生理和心理满足程度来评估其质量的优劣。

餐饮服务的无形性给餐饮部经营带来诸多困难，而且餐饮服务质量的提高是无止境的。这就需要前台、后台一起抓，服务态度、服务技能一起抓，全方位提高餐饮服务水平。

2. 一次性

餐饮服务的一次性是指餐饮服务只能当次使用，当场享受。这同饭店的客房、客机的座位一样，如当日租不出去，或当班没满座，那么饭店或航空公司所失去的收入是无法弥补的。因此，餐饮部应接待好每位宾客，在接待中注意自己的每一个言行举止，给客人留下美好的印象，从而使宾客再次光顾，使头回客成为回头客，最终使回头客成为常客。

3. 同步性

同步性即直接性。餐饮服务的同步性是指餐饮部的绝大多数产品的生产、销售、消费几乎是同步的，餐饮产品的生产过程就是就餐者的消费过程。同步性决定了餐饮部应搞好餐饮销售环境，使每位餐饮服务员上岗之后全身心地投入推销与服务中去，为企业销售出更多的产品。

4. 差异性

餐饮服务的差异性主要从两个方面反映出来：一方面，餐饮服务员由于受到年龄、性别、性格、受教育程度、培训程度及工作经历等条件限制，他们为就餐者提供的服务肯定不尽相同；另一方面，同一名服务员在不同的场合、不同的时间和不同的情绪中，其服务方式、服务态度也会出现一定的差异。餐饮部应制定出餐饮服务质量标准和操作程序标准，使员工的服务工作尽可能规范化、标准化，同时在管理上要做到制度化。

第二章　餐饮服务基本技能

第一节　端托服务技能

一、托盘的种类和用途

（一）按质地划分

托盘按质地可分为木质托盘、金属托盘和胶木防滑托盘。现在酒店多用胶木防滑托盘，有些高档宴会还会使用银质托盘。

（二）按用途划分

根据用途的不同，托盘可分为大、中、小三种规格，其形状有方形、长方形和圆形等。长方形托盘（有不同规格，一般分大、中号）用于托运菜点、酒水和盘碟等较重物品。圆形托盘根据直径的不同分为大、小两种。大圆形托盘一般用于席间服务；小圆形托盘主要用于递送账单、信件和收款等。

运送物品时，应选择与负载的物品大小相称的托盘。除防滑托盘外，使用托盘时须用专用的垫巾垫在托盘内，以防物品在运送过程中在托盘内滑倒。

二、托盘方式

（一）轻托

轻托又称平托、胸前托，多用于席间服务，所托物品重量一般在5kg左右。其操作要点是：左手臂弯曲呈90°，手肘距腰部一拳；掌心向上呈凹形，五指指端及掌根托住托盘底部中心位置，掌心不能与盘底接触。

1．轻托操作流程

轻托步骤一般包括理盘、装盘、起盘、行走和落盘五步。

（1）理盘。根据所托物品选择合适的托盘，洗净擦干。若不是防滑托盘，应在盘内垫上专用垫布，将其铺平拉直，盘巾的四边与盘底对齐，力求美观整洁。为避免盘内的物品滑动，也可将盘巾适当蘸些水，使盘巾半干半湿。

（2）装盘。根据物品的形状、体积和使用的先后顺序合理安排。盘内物品宜摆放整齐，横竖成行。在几种物品同装时，一般是重物、高物放在托盘的内侧，轻物、矮物放在外侧；先上桌的物品在上、在前，后上桌的物品在下、在后，以安全稳妥、便于运送和方便取用为宜。用圆托盘时，码放物品应呈圆形，用方托盘时横竖成行。物品的重心应在托盘的中心部分，摆放要均匀。

（3）起盘。左脚在前，右脚在后，屈膝弯腰。右手轻轻将托盘拉出1/3，左手找准重心托于托盘底部，右手扶住托盘，起托撤回左脚，使身体呈站立姿势。

（4）行走。行走时要头正肩平，上身挺直，目视前方，脚步轻快稳健，精力集中。在为客人服务的过程中，应特别注意使持托盘的左手离上身有一定间距，千万不能紧贴上身。因为人体在走动时会有轻微的摇动，如果托盘随脚步左右摇动，就会使托盘中的物品产生滑动或使菜汁、汤水外溢，而且托盘的姿势也不优美。

（5）落盘。到达目的地后，要将托盘小心地放到工作台上。左脚在前，右脚在后，弯腰前倾，右手协助将托盘放于工作台上。在落托盘时，一要慢，二要稳，三要平。如果所托物品较轻，可以用右手将物品从托盘中取下来递给客人。物品取走部分之后，餐厅员工应及时用右手对托盘位置或盘中物品进行调整，使托盘保持平衡。如果托送的物品较为沉重时，餐厅员工可以将托盘放在邻近的桌面或菜台上，然后将所托物品依次递给客人。

2. 轻托操作要领

（1）左手托盘，左臂弯曲成90°。

（2）掌心朝上，五指自然分开，指实而掌心虚，大拇指指端到手掌的掌根部位和其余四指形成五个力点托住盘底，手掌自然形成凹形，掌心不与盘底接触。

（3）平托于胸前，略低于胸部，基本保持在第二和第三枚衣扣之间。盘面与左手臂呈直角，利用左手手腕灵活转向。

（4）托盘行走时头要正，上身保持直立，肩膀放松，精神集中，步伐稳健。

（5）手臂不要贴近身体，也不要过度僵硬。行进时应该与前方人员保持适当的距离，并注意观察左右两侧，切忌突然变换行进路线或突然停止。

（6）托盘不越过宾客头顶；随时注意盘内物品数量和重量、重心的变化，手指相应地移动。

3. 轻托注意事项

（1）托盘过程中要做到“平、稳、松”。“平”是指托运物品时要保持盘面平稳，掌握好重心，以免汤汁外溢；托盘行走时要做到肩平、盘平，动作协调。“稳”是指装盘时各种物品摆放要合理稳妥，还要根据自身体力和臂力量力而行，不可勉强超负荷托运；托盘行走时做到肩不倾斜、身体不摇晃、转动灵活，给人稳重踏实的感觉。“松”是指单手擎托时，上身正、直，表情自然、轻松，不给人以吃力感。

（2）运送菜品过程中要注意卫生，不可将所托物品贴靠于自己的头颈部位，做到盘前不近嘴，盘后不靠发。

（3）当托盘中放有食品时，不要将冷的食物放在热的食物上方，因为热量会通过传导使冷盘变热。

（4）装载液体的器皿，如茶壶、咖啡壶等，应放在托盘的中央位置，防止液体洒在托盘的外面，尤其是热水，要防止烫伤自己或他人。

（二）重托

重托又称肩上托，是托载较重的菜点、酒和盘碟的方法。托盘时左手向上弯曲，臂肘的同时，手掌向左后转动90°至左肩上方，手掌略高出肩2cm，五指分开，以大拇指指端到手掌的掌根部位和其余四指托住盘底保持平衡。肩上托的优点是行走起来较为优雅。但目前饭店一般不用重托，多用小型手推车运送重物。

重托与轻托的操作程序大致相同，在具体方法上略有差别。

1. 理盘

由于重托常用于送菜、送汤和收拾碗碟，一般油腻较大，使用前必须清洁盘面并消毒，铺上洁净的专用盘巾，起到防油、防滑的作用。

2. 装盘

托盘内的物品应分类码放整齐，使物品的重量在盘中分布均匀，并注重把物品按高矮大小摆放协调，切忌将物品无层次地混合摆放，以免造成餐具破损。装盘时还要使物与物之间留有适当的间隔，以免端托行走时因发生碰撞而产生声响。重托装汤锅时一般能装三只汤锅，在装盘时应将两只汤锅装在近身的一边，另一只汤锅装在外框处，呈“品”字形，这种方法比较安全。在收拾台面餐具时最好能将物品分门别类地装盘，切忌将所有物品不分大小、形状、种类地混装在一个盘内，这样物品容易滑动，甚至会落地。

3. 起托

起托时应先将托盘用右手相助拉出1/3，右手扶托盘将托盘托平，双脚分开呈“八”字形，双腿下蹲，略呈骑马蹲裆势，腰部略向前弯曲。左手五指分开，用整个手掌托住托盘的底部，手掌移动找到托盘的重心。掌握好重心后，用右手协助左手向上用力将托盘慢慢托起，在托起的同时，左手和托盘向上向左旋转，送至左肩外上方。注意做到盘底不搁肩、盘前不靠嘴、盘后不靠发。

4. 行走

行走时表情轻松自然，步伐不宜过大、过急，盘面应始终保持平稳，防止汤水外溢。右手自然摆动，或扶住盘前角，并注意防止他人的碰撞。

5. 落托

落托时，左脚向前迈一步，用右手扶住托盘边缘，左手向右转动手腕，同时托盘向右旋转，待盘面从左肩移至与台面平行时，再用左臂和右手向前推进。

重托操作时要求“平、稳、松”。“平”就是在托盘的各个操作环节中都要掌握好重心，保持平稳，不使汤汁外溢，行走时盘和肩要平，两眼要平视前方；“稳”就是装盘合理稳妥，托盘稳而不晃动，行走时步稳不摇摆；“松”就是动作轻松，表情自然，上身挺直，行走自如。

三、端托服务应注意的问题

（一）端托姿势

端托姿势的正确与否直接影响服务人员服务动作的美观程度。端托姿势主要体现在起托及端托上。端托时要做到“三平、一松、一稳”，即眼睛平、双肩平、托盘平，面部表情轻松，盘内物品稳定。

（1）平：托运物品时要保持盘面平稳，把握好重心；行走时做到眼平、肩平、盘平。

（2）松：单手端托时，上身正、直，表情自然、轻松，步伐轻盈、文雅，不给人以吃力的感觉。

（3）稳：物品摆放合理稳妥，量力而行，不可勉强超负荷托运；行走时做到肩不斜、身不晃、转动灵活，给人以稳重、踏实、刚劲、有力、阳光的感觉。

（二）端托步伐

端托行走时要把托盘端平，不晃动，不洒汤汁，保持菜肴的形状不变。根据端托物品的不同，应选择不同的行走步法。

（1）常步：常步是在正常情况下走路的方法和技巧，要求步距均匀，快慢适中，给人以稳重大方之感。

（2）快步：快步是端火候菜肴或急需物品时的一种急行步法，要求步距稍大，步速稍快，但不能形成跑步，要在稳中求快，保证物品不变形、不洒落。

（3）碎步：碎步是上汤菜时常用的一种行走步法，其特点是步幅较小，步速较快，上身保持平稳。

（4）垫步：垫步又称辅助步，服务员端送物品到餐台前欲将所托物品放于餐台时，应采用垫步。有时服务员要通过人群或狭窄的通道时也需要用垫步，这也是服务员采用的缓冲动作。

（5）巧步：巧步是指服务员突然遇到意外或障碍，巧妙躲闪以保证端托物品的安全而采用的超出常规的、灵活多变的步法。此种步法不固定。

（6）上楼梯步：上楼梯步是服务员上楼梯时采用的步法。行走时，上身略向前倾，重心前移，两腿交替向上，用力均匀，速度比在平地行走时稍快。

（三）端托卫生

端托服务时应注意卫生方面的要求。轻托时，所托物品要避开自己的口、鼻部位，防止打喷嚏时或与别人讲话时，飞溅出的唾沫污染食品；重托时，端托姿势要正确，托举到位，不可将盘落在自己的肩上，头和颈部不要贴靠物品。

（四）端托安全

端托时，左手端托，右手下垂，除了起台和落台时可用右手扶托外，一般情况下禁止用右手扶托。右手扶托有以下危害：一是不雅观；二是遮挡行走视线；三是容易造成端托失误。端托时，目光应平视前方，切勿只盯托盘；端托服务中需取拿托盘内所托物品时，应做到进出有序，确保所托物品的平衡。

第二节　餐巾折花技能

餐巾折花是餐前的准备工作之一，也是餐饮服务的重要技能之一，美观的餐巾折花本身就是餐桌上的装饰品，再加上服务人员的优质服务，能够给客人一种招待细致入微的感觉。

一、餐巾的作用与种类

(一) 餐巾的作用

餐巾又名口布，是餐厅中常备的一种卫生用品，又是一种装饰和美化餐台的艺术品。餐巾的主要作用有以下几个方面。

1. 餐巾是餐饮服务中的一种卫生用品

宾客用餐时，餐厅服务员将餐巾放在宾客的膝上或胸前。餐巾可用来擦嘴或防止汤汁、酒水弄脏衣物。

2. 餐巾可以装饰和美化餐台

不同的餐巾折花反映着不同的宴会主题。形状各异的餐巾折花摆放在餐台上，既美化了餐台，又增添了庄重热烈的气氛，给人以美的享受。

3. 餐巾折花可以烘托就餐气氛

将餐巾折成喜鹊、和平鸽等花形可以表示欢快、和平、友好，给人以愉悦之感；将餐巾折出比翼齐飞、心心相印的花形送给一对新人，可以表达永结同心、百年好合的美好祝愿。

4. 餐巾折花的摆放可标出主宾的席位

在折叠餐巾时应选择好主宾的花形，主人的折花高度应高于其他折花的高度以示尊贵。

5. 餐巾有信号提示的作用

在西餐正式宴会上，女主人把餐巾铺在腿上是宴会开始的标志；将餐巾放在桌子上或者盘内，暗示宴会的结束；将餐巾放在本人座椅面上，表示中途暂时离开。

（二）餐巾的种类

1. 按质地分类

餐巾按质地可分为棉织品和化纤织品。棉织品餐巾的吸水性较好，浆熨后挺括，造型效果好，但折叠一次，效果才最佳；化纤织品色泽艳丽，透明感强，富有弹性，如一次造型不成，可以二次造型，但吸水性差，在去污力方面不如棉织品。

2. 按颜色分类

餐巾颜色有白色和彩色两种。白色餐巾能给人以干净卫生、恬静优雅之感，可以调节人的视觉平衡，安定人的情绪。彩色餐巾可以渲染就餐气氛，如大红、粉红餐巾能给人以庄重、热烈的感觉；橘黄色、鹅黄色餐巾能给人以高贵典雅的感觉；湖蓝色餐巾在夏天能给人以凉爽、舒适之感。

二、餐巾折花造型的种类及其选择

餐巾折花造型的种类很多，技法也各不相同。餐厅服务员要掌握餐巾折花的基本造型和折叠技法。

（一）餐巾折花造型的种类

1. 按摆放方式分类

按摆放方式不同，餐巾折花可分为杯花花形、盘花花形和环花花形三种。

（1）杯花属于中式花形，需插入杯中才能完成造型，出杯后花形即散。由于折叠成杯花后，在使用时其平整性较差，也容易造成污染，所以目前杯花已较少使用，但作为一项技能，仍在餐厅服务中存在。

（2）盘花属于西式花形，其造型完整，成型后不会自行散开，可放于盘中或其他盛器及桌面上。因盘花简洁大方、美观实用，所以盘花呈现发展的趋势。

（3）环花属于西式花形，是盘花中比较特殊的一类。环花是将餐巾平整卷好或折叠成造型，套在餐巾环内，通常是创意餐台设计中必不可少的餐巾花形。餐巾环也称为餐中扣，有瓷质、银质、塑料质、金质、玉质等。餐巾环花通常放置在装饰盘或餐盘上，特点是简洁、雅致、出其不意。环花常常应用在大型宴会和重大的接待中，它能给人别致的感受，特别是餐巾扣的材质、造型、色彩、做工等，对于餐台环境的营造具有独特的功能。

2. 按外观造型分类

按外观造型不同，餐巾折花可分为植物类花形、动物类花形、实物类花形三种。

（1）植物类花形是根据植物花形造型，如荷花、水仙等，也有根据植物的叶、茎、果实造型的，如竹笋、玉米等。

（2）动物类花形包括鱼、虫、鸟、兽，其中以飞食为主，如白鹤、孔雀、鸵鸟。动物类造型有的取其整体，有的取其特征，形态逼真，生动活泼。

（3）实物类花形是模仿日常生活用品的各种实物形态折叠而成，如帽子、折扇、花篮等。

（二）餐巾折花造型的选择

1. 根据宴会的规模选择花形

大型宴会要统一花形，花形要简洁、挺括。可以每桌选两种花形，使每个台面花形不同，台面显得多姿多彩。如果是1～2桌的小型宴会，可以在一桌上使用各种不同的花形，也可以2～3种花形相间搭配，形成既多样又协调的布局。

2. 根据宴会的主题选择花形

主题宴会因主题各异、形式不同，所选择的花形也不同。婚宴宜选并蒂莲、鸳鸯、喜鹊、玫瑰花、百合花等，不宜选扇子，因为“扇”的谐音为“散”；寿宴宜选仙鹤、寿桃等餐巾花形，不宜选吊钟花、菊花等；迎宾宜选花篮、和平鸽等；商务宴宜选用春笋、蓓蕾等。

3. 根据接待环境特点和菜单内容选择花形

大厅堂宜用形体高大的花形；小包厢宜用小巧玲珑的花形。如冷盘是荷花，则配以花类；以海鲜为主的宴会，则配以各式鱼虾造型。

4. 根据宾客身份选择花形

如果女宾客较多，可选用鲜花等花形；如果儿童较多，可选用金鱼、小鸟；如果商务人士较多，可选用帆船等。

5. 根据季节选择花形

可以选择富有时令的花形以突出季节的特色，也可以有意地选择象征季节的一套花形。春季选迎春花、月季花；夏季选荷花、玉兰花；秋季选菊花、枫叶；冬季选梅花、企鹅等。

6. 根据宾主席位选择花形

宴会主宾、主人席位上的花称为主花。除主人、主宾外的其他宾客所使用的造型餐巾花可称为从花。主花一般选用品种名贵、折叠细致、美观醒目的花，以达到突出主人、尊敬主宾的目的。如在接待国际友人宴会上，叠和平鸽表示和平，叠花篮表示欢迎，为女宾客叠孔雀表示美丽，为儿童叠小鸟表示活泼可爱，使宾主均感到亲切。

总之，要根据不同情况设计折叠不同的餐巾花，力求简便、快捷、整齐、美观大方。

三、餐巾折花的基本技法与要领

（一）餐巾折花的基本技法

餐巾具有实用及装饰美化作用，是餐桌的重要装饰。餐巾折花的基本技法有叠、折、卷、穿、翻、拉、捏、掰八种。餐厅服务员应反复练习，达到技艺娴熟、运用自如，以提高摆台的工作效率和艺术性。

1. 叠

叠是最基本的餐巾折花手法，几乎所有的造型都要使用。叠就是将餐巾一折为二，二折为四，或折成三角形、长方形、菱形、梯形、锯齿形等形状。叠有折叠、分叠两种。叠时要熟悉造型，看准角度一次叠成。如有反复，就会在餐巾上留下痕迹，影响美观。叠的基本要领是找好角度一次叠成。

2. 折

折是打褶时运用的一种手法。折就是将餐巾叠面折成褶裥的形状，使花形层次丰富、紧凑、美观。打褶时，用双手的拇指和食指分别捏住餐巾两头的第一个褶裥，两个大拇指相对成一线，指面向外。再用两手中指接住餐巾，并控制好下一个褶裥的距离。拇指、食指的指面握紧餐巾向前推折至中指外，用食指将推折的褶裥挡住。中指腾出去控制下一个褶裥的距离，三根手指如此互相配合。

折可分为直线折和斜线折两种，两头一样大小的用直线折，折一头大一头小、折半圆形、折圆弧形的用斜线折。折的要领是折出的褶裥均匀整齐。

3. 卷

卷是用大拇指、食指、中指三个手指相互配合，将餐巾卷成圆筒状并制出各种造型的一种手法。卷分为直卷和螺旋卷。直卷又称为平行卷，是将餐巾一端的两头一起卷起，形成实心卷。螺旋卷又称斜角卷，是将餐巾一头固定，只卷起另一头，或一头多卷一头少卷，形成一头大一头小的实心卷。不管是直卷还是螺旋卷，餐巾都要卷得紧凑、挺括，否则会因松软无力、弯曲变形而影响造型。卷的要领是卷紧、卷挺。

4. 穿

穿是用工具从餐巾的夹层折缝中边穿边收，形成皱褶，使造型逼真美观的一种手法。穿时，将餐巾先折好后攥在左手掌心内，用筷子一头插进餐巾的褶缝里，然后用右手的大拇指和食指将筷子上的餐巾一点一点向后拨，直至把筷子穿出餐巾为止。穿好后先把餐巾花插入杯子内，然后再把筷子抽掉，否则容易松散。根据需要，一般只穿 1～2 根筷子。穿的要领是穿好的褶裥要平、直、细小、均匀。

5. 翻

翻主要用于折花鸟造型。操作时，一手拿餐巾，一手将下垂的餐巾翻起一只角，翻成花卉或鸟的头颈、翅膀、尾等形状。翻花叶时，要注意叶子的左右对称、大小一致、距离相等。翻鸟的翅膀、尾巴、头颈时，一定要翻挺。翻的要领是注意大小适宜、自然美观。

6. 拉

拉一般在餐巾折花处于半成形时进行。把半成形的餐巾花攥在左手中，用右手拉出一只角或几只角来。拉的要领是大小比例适当，造型挺括。

7. 捏

捏主要用于折鸟的头部造型。操作时先将餐巾的一角拉挺作为颈部，然后用一只手的大拇指、食指、中指三个指头捏住鸟颈的顶端，食指向下，将巾角尖端向里压下，用中指与拇指将压下的巾角捏出尖嘴状，作为鸟头。捏的要领是棱角分明，头顶角、嘴尖角到位。

8. 掰

这是指将餐巾做好的褶用左手一层一层掰出层次，呈花蕾状。掰时不要用力过大，以免松散。掰的要领是层次分明、间距均匀。

（二）餐巾折花的基础折叠法

基础折叠法就是将餐巾初步折叠成形的方法。掌握了基础造型方法后，通过局部变化，就能折成多种花型。

1. 正方折叠法

正方折叠法如图 2—1 所示。

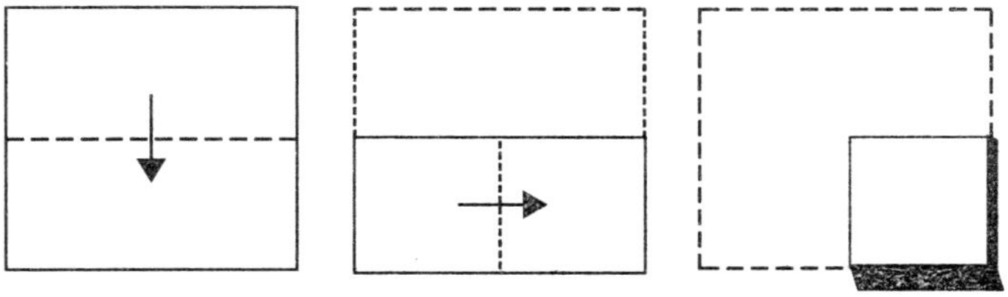

图 2—1　正方折叠法

巾角翻折变化有三种方法：第一种是先折角，再叠成正方形；第二种是叠成正方形后再折角；第三种是先将折角错位翻折，再折角。

2. 长方折叠法

长方折叠法具体有两种：第一种是多层相叠成窄长方形；第二种是双层平摊成宽长方形。

3. 长方翻角折叠法

长方翻角折叠法如图 2—2 所示。

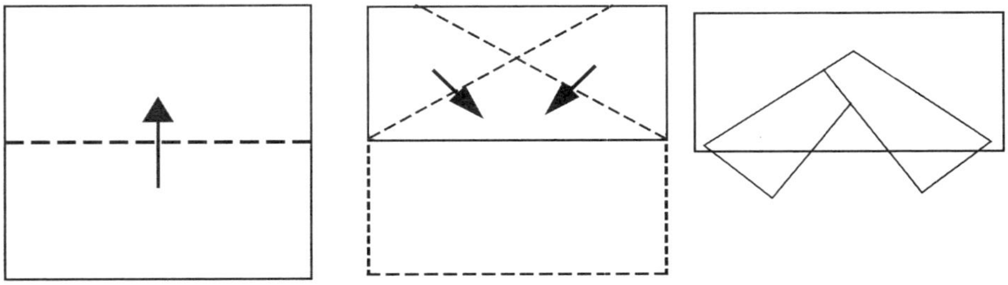

图 2—2　长方翻角折叠法

巾角的翻折有单面翻角折法、两面双翻角折法、两面交叉翻角折法。

4. 条形折叠法

条形折叠法具体有平行折裥法和对角折裥法两种。

5. 对角折叠法

对角折叠法是将餐巾的巾角对叠成三角形，或将其折叠成双层三角形的方法。

6. 菱形折叠法

菱形折叠法是将餐巾的巾角相对平行折叠呈菱形的方法。

7. 错位折叠法

错位折叠法是使餐巾形成锯齿状，在大锯齿的基础上，再错位交叉折叠成小锯齿状或将巾角重叠而形成双锯齿状的方法。

8. 尖角折叠法

尖角折叠法是先将餐巾的一角固定，然后从两边向中间折叠，或向中间卷折成尖角形的方法。

9. 提取翻折法

提取翻折法是用食指固定餐巾中心并转动四周巾边，再翻转顶起。

10. 翻折角折叠法

翻折角折叠法是将餐巾的一角或数角通过翻折造型或折裥后再进行翻折组合的一种折叠法，也可将餐巾的一角翻折、折角，还可先将餐巾的一角或数角折叠成形。

第三节　摆台服务技能

一、中餐摆台

（一）中餐宴会摆台

中餐宴会摆台席位安排通常以 10 人为标准，选用直径 180cm 的圆台，台布规格为 220cm 或 240cm 见方。

在摆台之前，首先要了解中餐宴会席位安排。主人位一般为面朝餐厅门正中的位置，或餐厅里最醒目的位置，或重要装饰画前正中位置。主宾的位置安排在主人席位的右侧，以示对主宾的尊重；副主人的位置安排在主人位的对面。就一张餐台的具体座位来说，目前中餐通行的规范是：主人坐于上方的正中，主宾在其右，副主宾居其左，其他参宴者依次从右至左、从上向下排列。

1. 铺台布

（1）台布的种类

台布的种类很多，按台布的质地分，有化纤、织锦、塑料、纯棉、绒质等，其中纯棉台布吸湿性能好，为大多数餐厅所使用。按台布的工艺分，有提花、印花、散花、团花、工艺绣花等，其中提花图案台布使用较多。按台布的颜色分，有黄色、红色、绿色、白色、粉色等。台布的颜色要与餐厅的风格、装饰、环境相协调，大多数餐厅使用白色台布。按台布的形状分，大体有三种：正方形、长方形和圆形。正方形常用于方台或圆台，长方形则多用于西餐各种不同的餐台，圆形台布主要用于中餐圆台，高档宴会则采用多层两种形状以上的台布。此外，还有台布和台裙之分。

（2）台布的规格

①140cm×140cm，可供 2 人餐桌使用，适用于 90cm×90cm 的方台，少见。

②160cm×160cm，可供 2～4 人餐桌使用，适用于直径 100cm 的圆桌

或 110cm×110cm 的方台，常见。

③180cm×180cm，可供 4～6 人餐桌使用，适用于直径 150cm 和直径 160cm 的圆台，常见。

④200cm×200cm，可供 6～8 人餐桌使用，适用于直径 170cm 的圆台，少见。

⑤220cm×220cm，可供 8～10 人餐桌使用，适用于直径 180cm 或 200cm 的圆台，常见。

⑥240cm×240cm，可供 12 人餐桌使用，适用于直径 220cm 的圆台，常见。

⑦260cm×260cm，可供 14～16 人餐桌使用，适用于直径 240cm 的圆台，少见。

除了正方形台布外，还有长方形台布，规格有 160cm×200cm、180cm×300cm 等。这类台布可供长方台及西餐各种餐台使用，可根据餐台的大小与形状选用不同规格的台布，一块不够用时可随意拼接。在拼接时要注意将接口处按压整齐。

圆形台布的规格多样，一般的圆形台布多见于定型特制，即根据餐台的大小将台布制成大于餐台直径 60cm 的圆形台布，使台布铺于餐台上时圆周下垂 30cm。

（3）台布的铺设

台布铺设是将台布平整地铺在餐桌上的过程。铺设台布需要做的准备工作如下。

①将所需餐椅按就餐人数摆放于餐台的四周，使之呈三三两两的并列状。

②服务人员将双手洗净，并对准备铺用的每块台布进行仔细检查，发现有残破、油渍和有褶子的台布则不能继续使用。

③选择熨烫平整的、与餐桌大小相配套的台布。

④根据餐厅的装饰、布局确定席位。

⑤操作时，餐厅服务人员应将副主人位的餐椅拉开至右侧餐椅后边，然后站立在副主人餐椅处，距餐台约 10cm，将选好的台布放于副

主人处的餐台上。铺设方法如下。

第一，推拉式。用双手将台布打开后放至餐台上，正面向上，左右两手分别捏住台布的一边，距边缘40～50cm处（这样可以防止台布边缘着地），两手离台布中缝线距离各约50cm（视台布大小而定）。其余的台布分别夹在其余四指内，将台布贴着餐台平行推出（手不可过餐台的2/5处，否则台布边缘容易着地），再拉回来（视台布中心与餐台的中心而定，动作不能过快）。要一次定位准确，铺好的台布中线缝正对正、副主人席位，十字中心落在餐台圆心上，四角离地面距离相等。这种铺法多用于零点餐厅或较小的餐厅，或因有客人就座于餐台周围等候用餐时，或在地方窄小的情况下采用。

第二，抖铺式。用双手将台布打开，平行对折后将台布提拿在双手中，身体呈正位站立式，利用双腕的力量，将台布向前一次性抖开，在台布落桌和向回拉动的过程中以中线为参照，调整台布的位置进行准确定位，并平铺于餐桌上。这种铺法适用于较宽敞的餐厅，或在周围没有客人就座的情况下进行。

第三，撒网式。用双手将台布打开，正面向上，用大拇指和食指抓住台布靠近身体的一边，其余三指快速抓住台布其余部分，平行打折，呈右脚在前、左脚在后的站立姿势，双手将打开的台布提至胸前，双臂与肩平行，上身向左转体，下肢不动，并在右臂与身体回转时，将台布斜着向前撒出去，如同撒渔网一样。将台布抛至前方时，上身转体回位，并恢复至正位站立，然后再将台布向自身拉回，一边拉，一边调整台布。这时台布应平铺于餐台上。撒网式铺台时要求一气呵成，动作干脆利落、优美，技艺娴熟。抛撒时，动作应自然潇洒。这种铺台方法多用于宽大场地或技术比赛场合。

（4）注意事项

铺台布时，台布不能接触地面，拿捏在拇指和食指中的台布的多少要适当，推、抖、撒时的距离要得当。台布中间折纹的交叉点应正好在餐台的中心处，台布的正面凸缝朝上，中心线直对正、副主人席位，四角呈直线下垂状，下垂部分距地面距离相等，铺好的台布应平整、无褶子。

台布向自身拉回时要注意快慢得当。铺好台布后，应将拉出的桌椅送回原位。挪动餐椅的动作是两手握住椅背的两端，用膝盖顶住椅子的坐面横梁，脚步移动，尽量不要让椅子腿因摩擦地面而发出响声。

铺设正式宴会多层台布时，最底层台布的铺设方法同上，最上层台布要两个人合作铺设，豪华包间的大餐台的台布铺设也要由两个人合作完成。两块方形台布的铺设参见西餐台布的铺设。

铺设台裙时需要一人或两人配合。接缝不能对着客人，也不能对着门口，可在陪同位。接口要覆盖、接牢。裙布的选择要与台布相匹配，与餐厅的氛围一致。

若台面需要转盘，则应先上转盘芯，再上转盘。操作方法是将转盘芯的中心置于餐桌的中心，将转盘置于转芯之上。要注意转盘的清洁卫生。

2. 摆台

(1) 摆台要求

在进行摆台操作前，应将双手清洗消毒，对所需的餐饮用具进行完好率检查，不得使用残破的餐饮用具。

(2) 摆台标准

中餐宴会摆台要求餐饮用具的摆放要相对集中，各种餐饮用具要配套齐全。摆放时距离相等，图案、花纹要对正，做到整齐划一，符合标准。要既清洁卫生，又有艺术性；既方便客人使用，又便于服务人员服务。

(3) 摆台需要的餐饮用具及摆台的顺序

以 10 人位宴会台面为例，所需餐饮用具及物品如下：台布 1 块、餐巾 10 块、骨碟 10 个、味碟 10 个、汤碗 10 个、小瓷勺 10 把、葡萄酒杯 10 个、白酒杯 10 个、水杯 10 个、筷子架 12 个、筷子 12 双、长柄汤勺 12 把、带有牙签套的牙签 10 个。

在摆放以上物品时，可以用托盘分 4 次托摆。第一托：骨碟 10 个、味碟 10 个。第二托：汤碗 10 个、小瓷勺 10 把、筷子架 10 个、筷子 10

双、长柄汤勺 10 把、牙签套 10 个。第三托：葡萄酒杯、白酒杯各 10 个、水杯 10 个（已插放好折叠成形的餐巾花）。第四托：公用筷架 2 个、公用勺 2 把、公用筷 2 双。若需要摆放菜单和桌牌号的，可再加一托最后摆放。若有中心装饰物的，可最先或最后徒手放于台面中心。

（4）摆放的规则

①摆骨碟、味碟。将餐具码好放在托盘内（托盘应防滑，若不防滑应垫有防滑餐垫），左手端托盘，右手摆放。从正主人位开始按照顺时针方向依次摆放。骨碟与骨碟之间距离相等，骨碟距桌边 1.5cm。正、副主人位的骨碟应摆放于台布凸线的中心位置。味碟摆在骨碟的正上方，边缘距骨碟边缘 1cm 或均等。

②摆汤碗、小瓷勺、筷架、筷子、长柄汤勺、牙签套。汤碗摆放在味碟左侧 1cm 处，汤碗中心线与味碟中心线在一条直线上，汤勺放置于汤碗中，勺把朝左，与骨碟平行。筷架摆在骨碟右边，位于筷子上部 1/3 处，筷子、长柄勺搁摆在筷架上，长柄勺距餐碟 3cm 或均等，筷尾距餐桌沿 1.5cm 或均等，若有筷套，则筷套正面朝上。牙签位于长柄勺和筷子之间，牙签套正面朝上，底部与长柄勺齐平。

③摆饮具。葡萄酒杯应位于味碟正上方 2cm 处。白酒杯摆在葡萄酒杯的右侧，水杯位于葡萄酒杯左侧，杯肚间隔 1cm，三杯成斜直线，与水平线呈 30°角。如果折的是杯花，水杯待餐巾花折好后一起摆上桌，将餐巾折花的观赏面朝向客人。持杯摆放手法要正确（手拿杯柄或中下部）。

④摆放公用餐具。公用餐具摆放在正副主人的正上方。按先筷后勺的顺序将筷、勺搁在公用筷架上（设两套），公用筷架与正副主人位水杯间距 1cm，筷子末端及勺柄向右。

⑤摆放餐椅。从第一主人位开始按顺时针方向依次摆放，餐椅椅座边缘以靠近下垂台布为宜，椅边与桌布间距 1.5cm，餐椅之间距离均等。有的操作是在铺好台布后，先把餐椅拉好，从餐椅的右侧进行摆放。

⑥摆菜单、台号。一般 10 人以下摆放两份菜单，摆放于正、副主

人位的筷子架右侧，位置一致。平放时菜单底部距桌边 1cm 或距离均等，立放时菜单开口处分别朝向正、副主人。12 人以上应摆放四份菜单，并呈“十”字形摆放。大型宴会应摆放台号，台号一般摆放在每张餐台的下首，并朝向宴会厅的入口处，使客人一进餐厅便能看到。

（5）摆台注意事项

摆台效果要求：台面各种餐具、用具摆放整齐一致，布局合理、美观，间距均等，摆放位置准确，花纹图案对正，台面用具洁净、无破损。摆放餐具从主人位开始，按顺时针顺序摆放。

（二）中餐零点摆台

零点摆台要根据餐厅的布局定好座位，铺好台布，要求在同一餐厅内，所有餐台的台布凸缝横、竖铺放时都要统一朝向。凸缝正面向上，餐具花纹、图案对正。所摆放的物品距离均匀、清洁卫生、整齐划一。

（三）铺台布

按中餐铺台布方法铺好台布。

（四）摆放规则

中餐零点摆台一般分为早、午、晚餐摆台。

1. 早餐摆台

中式早餐摆台比较简单，一般是将骨碟摆在座位正中，距桌边 1cm，汤碗或小饭碗摆在骨碟的左侧；筷子装在筷套内，摆在骨碟的右侧，图案文字要对正，筷柄距桌边 1cm；汤勺摆在汤碗内，勺柄朝向一致。

2. 午、晚餐摆台

一般午、晚餐的餐具摆放与早餐基本相同，只增加一个水杯。水杯内放入餐巾折花或餐巾纸，摆在汤勺的前方，其他餐具、酒具及公用餐具应等客人入座后，根据客人的需要随时增减。

二、西餐摆台

（一）西餐宴会摆台

西餐宴会摆台席位安排以 6 人位为标准，选用 120cm×240cm 的长方形餐台。在摆台之前，首先要确定西餐宴会席位安排。一般长台的一端为主人席位，另一端为副主人（女主人）席位。主人的右侧为主宾，左侧为第三宾客。副主人右侧为第二宾客，左侧为第四宾客，其余交错类推。这种宴会席位排法的优点是气氛较随和、有两个谈话中心。

1. 铺台布

西餐铺台布的方法和中餐不同，铺台布时动作不宜过大。铺台布时，餐厅服务员站立于餐桌长侧边，将台布横向打开，双手捏住台布一侧边，将台布送至餐桌另一侧，然后向身体一侧慢慢拉。台布的正面向上，台布折叠线的凸线朝上，置于餐桌的中心位置，四周下垂部分均等，接缝处一致、平整，美观整齐。

2. 摆台

(1) 摆台要求

西餐摆台操作前，餐厅服务员要洗手消毒，检查摆台所用的餐饮用具，发现有不洁或有破损的餐具时要及时更换，保证用品符合干净、光亮、完好的标准。摆放时，手不可触摸盘面和杯口。摆放金属器皿时要注意操作手法，保证餐具清洁，防止污染。

(2) 西餐摆台的基本要领

西餐宴会摆台要求餐厅服务人员将展示盘与已经叠好的餐巾折花放置于餐位正中，左侧放置餐叉，右侧放置餐刀，刀刃向左，餐具与菜肴相配，摆放酒杯的数量及种类取决于客人要求的酒水服务。通常情况下，西餐宴会摆三种杯具，分别是水杯、红葡萄酒杯和白葡萄酒杯。餐桌中央放好胡椒盅、盐盅及蜡烛台。西餐摆台所用餐具、饮具及其他各种用具一般需要根据用餐菜单所列菜肴的内容及上菜顺序准备。

(3) 摆台所需物品及摆放顺序

以 6 人位西餐宴会台面所需物品为例：防滑托盘 1 个；台布 2 块；餐巾 6 块，可加带装饰物；装饰盘 6 个；面包盘 6 个；黄油碟 6 个；主菜刀、鱼刀、开胃品刀、汤勺、甜品勺、黄油刀各 6 把；主菜叉、鱼叉、开胃品叉、甜品叉各 6 把；水杯、红葡萄酒杯、白葡萄酒杯各 6 个；花瓶或其他装饰物 1 个；烛台 2 个；盐盅、胡椒盅、牙签盅各 2

个。西餐宴会摆台的基本顺序可以按照餐盘、餐具、酒水杯、艺术摆设、烛台、调料用具的步骤进行摆放。

（4）餐饮用具摆放的规则

①摆展示盘。一般情况下，餐厅服务员先用餐巾垫在餐盘盘底，用左手直接把展示盘托起，从主人位开始，按顺时针方向用右手将餐盘摆放在餐位正前方，盘内的店徽图案要端正，盘边距桌边 1.5cm，餐盘间西餐宴会摆台操作的距离要相等。

②摆餐刀、叉、勺。餐厅服务员应按照由里向外的次序分别将餐刀、餐叉和汤勺放置于展示盘的右侧。在摆放的时候，餐厅服务人员的手不可接触刀柄、叉柄、勺柄以外的部位。一般应从主刀开始摆放。主刀摆放于展示盘的右侧，与餐桌边呈垂直状，刀柄距餐桌边缘 1cm，刀刃向左，与展示盘间的距离为 1cm。开胃品刀、鱼刀、汤勺等餐具应等距离摆放，间距为 0.5cm，手柄与餐桌边缘间的距离为 1cm，刀刃向左，勺面向上。主叉应放置于展示盘的左侧，距离展示盘 1cm，叉柄与餐桌边缘相距 1cm。摆放鱼叉时，鱼叉柄距餐桌边缘 5cm，叉头向上突出。开胃叉面向上，叉柄与主叉柄平行。甜食叉放在展示盘的正前方，叉尖向左，与展示盘相距 1cm。甜食勺放在甜食叉的正前方，平行于甜食叉，勺头向右，与甜食叉的叉柄相距 0.5cm。

③摆放面包盘、黄油刀、黄油盘。面包盘盘边距开胃品叉 1cm。面包盘中心与装饰盘中心对齐。黄油刀置于面包盘右侧边缘 1/3 处，刀刃向左。黄油碟摆放在黄油刀尖正上方，相距 3cm。黄油碟左侧边缘与面包盘中心呈直线。

④摆酒具。摆放顺序：白葡萄酒杯、红葡萄酒杯、水杯；白葡萄酒杯摆在开胃品刀的正上方，杯底中心在开胃品刀的中心线上，杯底距开胃品刀刀尖 2cm。三杯成斜直线，向右与水平线呈 45°角。各杯身之间相距约 1cm。操作时手持杯中下部或颈部。

⑤摆放餐巾折花。餐厅服务人员应将已经叠好的餐巾折花放置于展示盘中，餐巾折花造型搭配适当，将观赏面朝向客人。

⑥摆放中心饰物。西餐宴会中心饰物一般为花瓶（或其他装饰物），

将其置于餐桌中央和台布中线上。花瓶（或其他装饰物）的高度不超过 30cm。

⑦摆蜡烛台和牙签盅、胡椒盅、盐盅。举行西餐宴会时，餐厅服务人员一般会在餐桌上摆放两个蜡烛台。蜡烛台应摆在台布的中线上或餐桌两侧适当的位置。牙签盅摆放在距离烛台 10cm 的台布中线上，牙签盅下方 2cm 处摆放胡椒盅和盐盅，按左椒右盐的方位在台布中线上对称摆放，两瓶壁间的距离为 1cm。

（二）西餐零点摆台

1. 西餐早餐摆台

（1）摆餐盘、餐刀、餐叉。餐厅服务人员在餐椅正对处摆放餐盘，餐盘离桌沿 1cm，将餐巾花摆放在餐盘上；餐盘右侧放餐刀，刀口向餐盘方向，左侧放餐叉，叉面朝上，汤匙放在餐刀的右侧，匙面朝上，刀叉距餐盘 1cm，餐刀与汤匙之间的距离也是 1cm，刀、叉、勺下端在一条直线上，距桌沿 1cm。

（2）摆面包盘、黄油刀。面包盘摆放在餐叉的左侧，面包盘与餐叉相距 1cm，面包盘与餐盘中心线成一条直线。黄油刀放置在面包盘的右侧，刀叉朝向面包盘的中心，或者将黄油刀横放在面包盘上，刀刃朝向餐桌边缘。若放置黄油碟，则将碟子摆放于面包盘上，黄油刀搁置于黄油碟上。

（3）摆咖啡杯具。汤匙右侧摆放咖啡杯和咖啡碟，杯把和匙柄朝右。

（4）摆调味架。胡椒盅、盐盅、牙签盅、口纸杯等摆在餐厅规定的位置上。

（5）摆水杯。餐厅服务人员可根据不同餐式的具体要求，决定是否在餐具上方放置水杯。

2. 西餐午、晚餐摆台

西餐午、晚餐摆台是在早餐摆台的基础上，撤去咖啡杯具而增加茶匙和甜点叉。甜点叉横放于餐盘正上方，叉柄朝左。在甜点叉的上方，与甜点叉平行摆放茶匙，匙柄朝右。

第四节　斟酒服务技能

斟酒服务是餐饮服务工作的基本服务技能之一，无论是中餐还是西餐，在就餐服务中都是由服务人员提供斟酒服务的，尤其在宴会服务中，斟酒服务运用最多。斟酒服务要求不滴不洒、不满不溢。餐厅服务员给客人斟酒时动作娴熟、规范、优美，不仅能体现餐厅服务员的技能水平，而且会使客人在精神上得到美的享受。为了给客人提供全面、周到的服务，餐厅服务员要掌握正确的服务方法和相关的酒品知识。

一、酒水准备与示酒

（一）酒水准备

1. 准备酒杯

备有为盛装各种不同的酒而设计的酒杯，对于专门销售食品与酒水的餐厅来说是非常重要的。餐厅服务员应根据酒类品种配备酒杯，并检查杯具的洁净和完好程度。

2. 准备酒水

开餐前，备齐各种酒水饮料，并将酒水瓶擦拭干净（特别是瓶口部位），同时检查酒水质量，如发现瓶子有破裂或有悬浮物、浑浊沉淀物等变质现象时应及时调换。酒水要在工作台上摆放整齐，示酒后，用托盘装上开好瓶盖的酒水，要内高外低，商标向外。

3. 酒水升温或降温

服务员要了解各种酒的最佳饮用温度，并采取升温或降温的方法使酒水的温度适于饮用，以满足客人的需求。

（1）冰镇（降温）

许多酒水的最佳饮用温度是低于室温的。例如，啤酒的最佳饮用温度为 4℃～8℃；白葡萄酒的最佳饮用温度为 8℃～12℃；香槟酒和有汽葡萄酒的最佳饮用温度是 4℃～8℃。因此在饮用前需要对此类酒作冰镇处理，这是向客人提供优质服务的一个重要内容。冰镇有以下三种方法：

①冰箱冷藏法。直接将酒瓶放入冰箱冷藏室。冰箱冷藏法应注意冷藏和冷冻是有区别的。啤酒和软饮料储存在接近4℃的温度下较为理想。

②冰块冰镇法。冰块冰镇法又包括两种方法，一种是直接将冰块放入酒液中；另一种是将酒瓶插入放有冰块的冰桶中约10min，即可达到冰镇的效果。

③溜杯。这种方法是用冰块对杯具进行降温处理，常用于调制鸡尾酒。服务员手持酒杯下部，在杯中放入一块冰块，转动杯子，使冰块沿杯壁滑动，以此达到降低杯子温度的目的。

（2）温酒（升温）

有些酒在常温以上饮用效果更佳，如黄酒、日本清酒以及某些鸡尾酒。黄酒一般隔水烫到60℃～70℃再喝，清酒加温至40℃～50℃后饮用。温酒的方法有以下四种：

①水烫。将酒液倒入温酒壶，再将温酒壶放入热水中，以水为媒介加热。

②烧煮。将酒液倒入耐热器皿，直接放置于火上加热。

③燃烧。将酒液倒入酒杯后，将杯子置于酒精液体内，点燃酒精加热。

④注入。将热饮注入酒液或将酒液注入热饮中升温。

（二）示酒

客人点用整瓶酒的，在开启之前都应让主人先过目一下。示酒的方法如下。

（1）服务员站于主人的右侧，左手托瓶底，右手扶瓶颈，酒标面向客人，让其辨认。

（2）当客人认可后，才可进行下一步的工作。

（3）如果没有得到客人的认同，则去酒窖更换酒品，直到客人满意为止。

二、开瓶

（一）使用正确的开瓶器具

开瓶器可分为两大类：一是专门开启木瓶塞的螺丝拔，也称酒钻；二是专门开启瓶盖的扳手，也称酒启子。目前，酒钻和酒启子的式样很多，选用的原则是开启方便又耐用。选用的酒钻要螺旋部分长、钻头尖而不带刃，最好带有一个起拔杠杆；选用的酒启子要质地较硬、手柄大小长短适宜，以免使用时变形或硌手，影响开酒速度。

开酒除了应备有酒钻、酒启子外，还应备有小钳子、小刀、盛装瓶塞和瓶盖的盒子，以及用于包或垫酒瓶的布巾等。

（二）开瓶动作

开瓶一般都由服务员在操作台上进行，服务员要注意站立姿势和握拿开瓶器的方法，开酒时的手法动作都应规范、优美。

开瓶的基本程序如下：

（1）开瓶的动作要轻，开塞前应尽量减少瓶体的晃动。一般将酒瓶放在桌面上开启，动作要准确、敏捷、果断。对于软木塞，如有瓶塞断裂的危险，可将酒瓶倒置，用内部酒液的压力顶住软木塞后再旋转酒钻。

（2）开启瓶塞后，要用干净的布巾仔细擦拭瓶口，检查瓶中的酒是否有质量问题，检查的方法以嗅瓶塞插入瓶内的部分为主。

（3）开瓶后的封皮等杂物不要直接放在桌上，可放在小盘子或托盘内，操作完毕后一起带走，不要留在客人桌上。软木塞可放在点酒人手旁，供其鉴别。

（三）不同酒的开瓶方法

1. 葡萄酒的开瓶方法

（1）服务员先用洁净的餐巾把酒瓶包上。

（2）剥除瓶口部位的锡纸，并擦拭干净。

（3）用开酒钻的螺旋锥转入瓶塞，将瓶塞慢慢拔开，再用餐巾将瓶口擦干净。在开瓶过程中，动作要轻，以免因酒瓶摇动使瓶底的酒渣泛起，影响酒味。开瓶前，应持瓶向客人展示。

2. 香槟酒的开瓶方法

香槟酒因瓶内有较大的气压，故软木塞的外面套有铁丝帽以预防软木塞被弹出。

（1）首先将瓶口的锡纸剥除。

（2）用右手握住瓶身，以45°的倾斜角拿着酒瓶并用大拇指紧压软木塞，右手将瓶颈外面的铁丝圈扭弯，一直到铁丝帽裂开为止，然后将其取掉。同时，用左手紧握软木塞，并转动瓶身，运用瓶内的气压逐渐地将软木塞弹挤出来。

（3）转动瓶身时，动作要既轻又慢。开瓶时要转动瓶身，不可直接旋转软塞子，以防将其扭断而难以拔出。

（4）开瓶时，瓶口不要朝向客人，以防在手不能控制的情况下软木塞爆出。

（5）如已溢出酒沫，应将酒瓶呈45°角斜握。

3. 烈性酒的开瓶方法

（1）如果酒瓶为塑料盖或外部包有一层塑料膜，开瓶时先用火烧化塑料膜，然后旋转开盖即可。

（2）如果酒瓶是金属盖，瓶盖下部常有一圈断点，开瓶时用力拧盖，使断点断裂，便可开盖，如遇有断点太坚固难以拧裂时，可先用小刀将断点划裂，然后再旋开酒盖。

4. 罐装酒品的开罐方法

一些带气的饮品常以易拉罐的形式封装。

（1）开启时只要拉起易拉罐顶部的小金属环即可。

（2）服务者在开启易拉罐时，应将开口方向朝外，不能对着客人，并以手握遮，以示礼貌。

（3）开启前要避免摇晃。

三、斟酒

（一）斟酒方式

斟酒的方法分桌斟和捧斟。桌斟又分为托盘斟酒和徒手斟酒两种。

1. 托盘斟酒

托盘斟酒，即服务员将客人选定的酒水、饮料放于托盘内，左手端托，右手根据客人的需要取送酒水，依次进行斟倒的一种方法。

托盘斟酒时，服务员站在客人的右手侧，右脚向前伸进两椅之间，侧身而立，左脚微微踮起。左手托盘外撇，保持平衡；右手拿瓶斟酒，手势自然，握酒瓶中下部，酒标朝向客人，瓶口距杯口 2cm，动作稳妥，手法轻缓，举止稳重，自然大方。

2. 徒手斟酒

徒手斟酒，即服务员左手持布巾，右手握酒瓶，将客人选定的酒水依次斟入客人的杯中，然后用左手中的布巾将瓶口擦拭干净的一种斟酒方法。

徒手斟酒多见于一桌客人用同一瓶酒水。徒手斟酒姿势要领同托盘斟酒，左手应持一条干净的餐巾，斟完酒后可以擦去瓶口酒水。

3. 捧斟

捧斟是指餐厅服务员站在客人右后侧，右手握瓶，左手将客人酒杯握在手中，向杯中斟满酒后，再将装有酒水的酒杯放回原来位置的一种斟酒方法。捧斟适合非冰镇酒水。

（二）斟酒方法

（1）服务员斟酒时，要站在客人右后侧。

（2）斟酒时应先向客人打招呼或请客人选用酒水。

（3）斟酒时，瓶口不可搭在酒杯口上，以相距 2cm 为宜。

（三）斟酒量的控制

（1）白酒斟酒量为八成。中餐在斟倒各种酒水时，一律以八分满为佳。

(2) 西餐斟酒不宜过满，通常红葡萄酒斟 1/2 杯，白葡萄酒斟 2/3 杯，威士忌等斟 1/6 杯为宜。

(3) 香槟会起泡沫，所以分两次斟倒，先斟 1/3 杯，待泡沫平息后再斟 1/3 杯，共斟 2/3 杯。

(4) 啤酒同样分两次斟倒，斟倒完毕时，以酒液占八分、泡沫占两分为最佳。

四、斟酒顺序

(1) 一般场合，服务员可先为一桌的长者斟酒，若是一对夫妇，应先为女士斟酒。

(2) 中餐宴会一般在宴会开始前 5min 将酒斟好，斟酒时先斟主宾，后斟主人，然后按顺时针方向依次绕桌进行。

(3) 西餐宴会或正式场合，斟酒顺序应从第一主宾开始，然后沿顺时针方向依次进行。

五、斟酒注意事项

(一) 注意酒瓶的位置

斟酒时，瓶口与杯口相距 1～2cm 为宜，这样做一是防止传染疾病，二是防止碰破杯口或碰倒杯子。但也不要将瓶口拿得过高，以免酒水溢出。

(二) 注意控制斟酒量

服务员需要随时注意瓶内酒量的变化，以适当的倾斜度控制酒液流出的速度，以免溢出。

(三) 谨慎斟倒带泡沫的酒水

泡沫多的酒水应控制好斟倒速度，宁慢勿快，也可让酒液沿着杯壁缓缓注入。

(四) 宴会服务注意客人情况

在宴会上，主宾通常要发言（祝酒词、答谢词等），服务员需要提前将所有客人的酒杯都斟上酒水，并为台上发言人也准备酒水。当发言结束时，通常主宾要提议干杯，提前斟倒才不至于空杯。另外，在主宾讲话时，服务员要停止一切服务操作，在适当的位置站立，并随客人一起鼓掌，切不可窃窃私语，也不要无动于衷。

（五）及时续杯

在餐中服务时，要随时观察每位客人的酒水饮用情况。当客人杯中的酒水少于 1/3 时，就应征询客人，及时续杯。

第三章　餐饮服务方式

第一节　中餐服务

中餐是指具有中国风味的餐食菜肴。中餐厅是专门为宾客提供中式菜肴、点心的场所，是我国餐饮企业最主要的餐厅种类，也是弘扬中华饮食文化的场所。经过几千年文化的积淀，中餐已经形成了独特的服务规范，严格执行各种服务规程，做到服务标准化、布置规范化、操作程序化，提供优质高效的中餐服务是我国餐饮行业的一项重要工作。

一、中餐服务概述

（一）中餐厅经营的特点

中餐厅是我国餐饮业的主要销售服务场所。中餐厅必须具备以下条件：有一定的生产（供应）食品、饮料的设施和空间；以公众为服务对象，以食品、饮料为有形产品，以服务为无形产品；以营利为目的，追求合理利润。

中餐厅经营具有以下特点。

1. 中餐厅的营业时间长，客流量波动较大

鉴于我国大众的消费习惯，中餐厅的客人除少数外，大部分人没有事先预订用餐的习惯，因此客人会直接到餐厅点菜用餐。受各种因素的影响，到餐厅用餐的客人数量是不稳定的，波动较大，因此，在不知道有多少客人会来的情况下，厨房要尽快地加工出客人的临时点菜，这需要餐厅前后台配合默契，并以一整套运转程序来保证。

2. 菜单设计体现着餐厅经营的水准和风格

菜单是反映餐厅经营全貌的一个窗口。中式餐饮的菜品种类繁多，中餐厅如何通过菜单体现餐厅的特色定位，既满足客人的餐饮需要，也不会因品种过多让客人无法选择，是中餐厅菜单设计的关键。中餐厅的菜单设计要建立在对本餐厅目标市场调查的基础上，并适时进行调整。

3. 服务员必须具备较高的素质与能力

中餐厅的客人来自四面八方，服务员必须在服务开始的几分钟内把握客人的消费需求。这要求服务员要善于观察客人的语言、表情、动作，捕捉各种信息，根据客人的需要提供令其满意的服务。同时，服务员要具有全面的服务技能、较强的推销意识和灵活处理问题的能力，通过优质服务促使客人产生消费欲望甚至增加消费，提高餐厅的经营效益。

（二）中餐服务方式

按照客人消费方式的不同，中餐服务方式可分为零点服务、宴会服务、团体包餐服务。

1. 零点服务

客人来到餐厅后临时点菜的服务方式称为零点服务。零点服务要求服务员有良好的服务技能，反应灵敏，了解当日厨房供应情况，熟悉菜单上菜品的相关情况，能满足客人的心理需求，并能做好菜品、酒水的介绍和推销服务。

中餐零点服务具有以下特点。

（1）就餐时间具有随意性

有的客人是在开餐前到餐厅，有的客人是在用餐的高峰时间来到餐厅，还有的客人则是在餐厅快要结束营业时才来就餐。这就要求服务人员拥有全面的服务知识和服务技能，做到服务迅速、准确，要将热情、周到的服务工作自始至终地做下去，不要让客人留下遗憾。

（2）就餐需求具有多样性

不同的客人，其消费需求也不相同。有的客人注重饮食需求，对菜肴口味的要求较高；有的客人则注重心理需求，对服务质量、用餐环境要求较高。因此，服务员在服务过程中，应仔细揣摩客人的消费需求，妥善处理各种情况。

（3）就餐场所具有选择性

客人一般把餐厅的就餐氛围、菜品价格、卫生条件、服务态度作为选择餐厅的标准，如果说菜肴质量是吸引客人的前提条件，那么服务态度就是吸引客人的有力保障，所以应把一流的服务送给客人，让客人感受到亲切、自然、随意。

（4）接待工作具有复杂性

服务员应有较全面的服务知识与技巧，在接待、点菜、上菜、撤换餐具、结账过程中，眼观六路，耳听八方，做到“接一、安二、招三、顾四”，即接待第一批客人，安排第二批客人，招呼第三批客人，照顾到第四批客人，做到迅速、快捷、及时地接待每一台、每一批就餐客人。

2. 宴会服务

宴会是在普通用餐基础上发展而成的一种高级用餐形式，是指宾、主之间为了表示欢迎、祝贺、答谢、喜庆等目的而举行的一种隆重、正式的餐饮活动，如招待会、酒会、婚宴、会议等，具有就餐人数多、消费标准高、菜点品种多、气氛隆重热烈、就餐时间长、接待服务讲究等特点。

宴会服务是中餐服务方式中要求最高、礼仪要求最全的服务方式，也是最能体现酒店服务水平的服务方式。一般来说，在厅堂及台面布置上既要舒适、干净，又要突出隆重热烈的气氛。在菜点选配上有一定形式和质量要求，按一定的顺序和礼节递送上台，讲究色、香、味、形、器、质、名，注重菜式的季节性，用拼图及雕刻等形式烘托喜庆、热烈的气氛。在接待服务上强调周到细致，讲究礼节礼貌，讲究服务技艺和服务规格。

3. 团体包餐服务

团体包餐服务是指为各类旅游和会议团队客人提供用餐服务的服务方式。虽然团体包餐不如宴会服务那样菜品精致、礼节繁多、服务讲究，也不像零点服务那样依赖推销、灵活多变，但要保证服务质量也非易事。团体包餐服务一般具有以下特点。

（1）就餐人数多且固定

旅游团或参加会议的客人，少则十几人，多则几十人甚至上百人。有时几个团队同时进餐，所以人数较多。

（2）就餐时间相对集中

旅游团体或会议都是按照事先安排好的日程进行活动，就餐时间比较固定。客人在开餐时间集中到餐厅就餐，要求服务迅速。这一点与零点用餐或宴会的要求有所不同，因此要集中人力、物力做好餐前的服务工作。

（3）就餐标准、菜式统一

不管是旅游团体还是会议，每天的用餐标准统一，消费水平一般低于宴会和零点用餐；菜式品种统一，但应注意团体每餐菜品不要重复；用餐时间统一，人数集中，要求准备工作要充分；服务方式统一，但也经常会出现特殊情况，应根据客人要求进行调整。

（4）人数多，口味差别大

餐厅需要根据包餐客人的国籍、地区、职业、年龄等特点制定菜单，照顾到大多数客人的口味和要求。对个别特殊的客人可以做特殊情况处理。团体包餐虽然每餐菜式不多，但仍应想方设法变换花色品种，确保餐食质量，最大程度地满足客人的普遍要求和特殊要求。同时，要充分了解团体客人的组成、饮食习惯、禁忌和各种特殊要求。根据旅行路线掌握旅行前几站的用餐情况，合理调整菜单。

二、中餐零点服务环节

（一）餐前准备环节

餐前准备是餐厅服务员在客人到达之前按服务程序完成的一系列服务准备工作，是做好全部服务工作的开始。

1. 环境与卫生准备

餐厅清洁卫生是提高餐厅服务质量的基础和条件。搞好餐厅卫生，既可美化环境，又可提升客人的就餐体验。

（1）打扫地面。餐厅地面常以地毯、地板、大理石等材料为主。打扫地毯一般用吸尘器吸去地毯上的屑末。如果不慎将带有油污的食物掉到地毯上，应该尽快清除残渣后用地毯清洁剂清洗。地毯应定期清洗，根据地毯使用情况，一般一个月清洗一次。但每天营业结束后，应用吸尘器进行一次全面吸尘。如果餐厅的地面使用木地板或大理石，清洁地面时，可先用扫帚清扫地面，然后用带有去油清洁剂的拖把仔细擦一遍。此外，木地板或大理石地面还应定期打蜡保养。

（2）打扫墙面门窗。擦门窗玻璃、楼梯扶手，保证墙壁、衣帽柜、装饰物等无灰尘。门窗玻璃要求擦洗干净，无污迹，明亮洁净。不同材质的墙面应使用不同的清洁方法。

（3）打扫餐桌椅。桌面无油腻、水迹，桌腿、椅背、椅腿干净，并保证桌椅无松动、无坏损。

（4）打扫备餐台。备餐台应干燥、清洁、无尘、无油污，整洁卫生。

（5）调好室内灯光、音响，摆好室内装饰物、植物等。

（6）根据需要做好节假日、喜宴等的店堂美化工作。

2. 物品准备

（1）餐具、用具准备。根据餐厅类别，将餐具消毒后叠放在备餐间或备餐台上，检查餐具是否有破损或污迹，如有应立即更换。所需餐具有：骨碟、味碟、汤碗、汤勺、筷子、茶杯、水杯、葡萄酒杯、烈性酒杯等。所需用具有：台布、餐巾、小毛巾、花瓶、调料瓶、牙签筒、烟灰缸、冰桶、洗手盅等。准备以上物品时，尤其应重视检查玻璃餐具是否还残留水渍，如有应使用干净的餐巾进行擦拭，以保证餐具的光亮。

（2）服务用具准备。准备好各种托盘、开瓶器、牙签、打火机等服务用具。

（3）酒水饮料准备。准备好供应的酒水饮料、冰块等。检查酒水的质量，发现有问题及时更换。

（4）当日菜单、酒单准备。确保菜单、酒单无破损、无污迹、内容正确。开餐前服务员应该注意做好点菜服务的准备工作——熟悉菜单。

为了给客人提供优质的点菜服务，服务员应注意从以下几个方面来熟悉菜单：

①熟悉菜单的内容与种类。不同餐厅、同一餐厅不同经营时段，餐厅菜单的内容是有所不同的，服务员必须熟悉早、中、晚餐的菜单。服务员应虚心地向厨师请教，熟悉菜单上每一种菜肴的原料、配料、口味、价格，以便于推销菜品和回答客人提问。很多餐厅还专门针对儿童、老人、情侣、团队等不同的用餐对象设计了多种菜单，服务员必须熟悉各类菜单，以便帮助客人选择最适合的菜品或套餐。

②熟悉菜单的变化。服务员在正式接待客人前必须熟悉当天菜单，以便更好地为客人介绍菜品。固定菜单也会定期变化，餐厅还常提供当日特选或季节特色菜，因此，服务员更应该经常对菜单加以熟悉。

③熟悉烹调方法。服务员应该了解中餐常见的制作方法，如蒸、炒、熘、炸、炖、焖、煨、烧、煮、烩、氽等，并知晓各种烹调方法制作出来的菜品的特色。

④熟悉菜肴烹制时间。烹制时间是指调制菜品并将其装盘所需要的时间。菜肴的烹制时间取决于厨房的设备、厨师的效率、点菜订单的数量、菜肴本身烹制方法所需要花费的时间等。掌握菜肴的烹制时间有利

于帮助服务员在不同情况下给客人推荐合适的菜肴，如为赶时间的客人推荐烹制时间短的菜肴。服务员要不断地向厨师请教，掌握菜肴烹制时间，平时也应该注意观察和积累经验。

⑤熟悉菜品的配料。许多菜肴都伴有一定的调味品、料汁、配菜、服务用具等。根据餐厅的服务规定，服务员必须熟悉哪些调料及配菜须在上菜前上台，哪些应在上菜后上台。

⑥熟悉菜式单位。菜式单位是指一道菜的规格、分量等，通常用盘（小盘、中盘、大盘）、斤、两、只、碗、盅、打等单位来表示。服务员应该熟悉餐厅菜式单位，在与客人充分沟通的前提下，使客人所点菜肴的量恰到好处，避免浪费。

3. 心理准备

在接待服务中，餐厅服务员要做好应对各种情况的心理准备。来餐厅用餐的客人由于性别、年龄、职业、身份、地区、国籍不同，其用餐目的、标准和要求也各不相同。餐厅服务员在开展服务时，应做到时时细心、处处留心，对客人的眼神、表情、举止、动作要善于观察和判断，对各类客人的多种用餐要求要有心理准备，要因人而异地提供针对性服务，掌握好尺度，使服务接待工作恰到好处。

4. 仪容仪表准备

对餐厅服务员仪容仪表的要求是端庄典雅，给人以亲切、可依赖的印象。精神面貌的要求是美观、容光焕发、精神振作。女服务员应化淡妆，不佩戴饰品或只佩戴简单的饰品。

餐厅服务员上岗时必须按规定着装，工作服须整齐清洁、平整笔挺，左前胸佩戴标牌。头发保持整齐，男性头发不超过发际线、不盖耳、不过领，女性头发不过肩。注意个人卫生，保持手部清洁，不留长指甲，男性不留胡须，女性不涂有色指甲油，勤换衣，保寺体味清新。

餐厅服务员上岗要精神饱满，注意力集中，面带微笑，体态优美高雅，举止大方庄重。上岗前，服务员要面对镜子自我检查，以最佳的精神状态做好营业前的准备。

5. 餐前检查

在完成各项准备工作后，由餐厅经理、主管、领班进行开餐前的检查工作。

（1）检查台面及桌椅

餐厅摆台要符合标准，餐饮用具、服务用品的卫生必须达到规定标准。要求做到：餐具位置准确、距离均等，餐厅所有餐具横竖成一条直线，餐具干净卫生、无破损；桌椅整洁舒适、安置稳妥。

（2）检查卫生

餐饮环境卫生、餐饮用具卫生、服务人员个人卫生必须达到标准，发现不足之处应及时指导服务人员纠正、弥补。

（3）检查备餐台

确保备餐台清洁、卫生、整齐，备餐柜内物品齐全、摆放整齐、使用方便。

（4）检查设施设备情况

检查所有照明设备，发现故障应立即通知工程部维修、更换，保证开餐时间内照明设备工作正常；检查餐厅冷藏柜、保温箱是否运行正常，是否达到规定温度；检查空调运转情况，保证餐厅温度在合适的范围内；检查音响设备，保证背景音乐音量、音色、内容符合规定，并注意音量控制，以不打扰客人交谈为宜。

6. 餐前会议

在完成各项准备工作后，餐厅营业前的半小时要举行一次餐前会议，一般由餐厅经理或主管主持。

（1）餐前会议的内容

检查服务员的仪容仪表及服务用品是否备好；总结前一天的工作，讲解当天工作要点；通报当日客情，对服务员进行具体分工；了解厨房当天菜点、水果供应情况，以及当天特色菜肴的原料、口味及烹饪方法等；介绍客人情况以及重要客人的接待工作；向服务员说明近期遇到的服务问题、解决办法，并进行新的服务技巧培训；传达其他部门对本部门的意见、请求和协作事项。

（2）餐前会议的注意事项

确定餐厅统一的开会时间，一般午餐餐前会在10：00进行，晚餐餐前会在16：00进行。注意尽量将会议时间限制在10～15min。有重大问题可适当延长开会时间或提前开会，总之以不影响对客服务为原则。开会时要求员工保持良好的精神状态，列队站立。开餐前严格检查员工的仪容仪表是否符合要求。开会前做好充分的准备，事先写好餐前会议要讲的工作要点，避免开会时遗漏。会上强调餐厅制度和工作标准，利用餐前会议实施培训和技术交流。开会时讲话要清晰，气氛要轻松。定期请上级领导参与餐前会议，及时传达上级的指示。重视员工反映的工作问题并及时予以解决。

（二）开餐服务环节

开餐服务是餐厅对客服务工作的开始，整个服务过程包括迎接客人、安排客人就座接受点菜、将点菜单送入厨房和厨房出菜，在这一服务过程中，服务员还需要回答客人问、向客人推销菜肴等。

1. 迎宾引位服务

客人进入餐厅前会在餐厅大门受到迎宾员（也称引位员）、领班或主管的热烈欢迎。热情、亲切的欢迎服务会给客人留下良好的第一印象，这是优质服务和愉悦的用餐经历的开始。此外，正确的引位服务能有效维持餐厅内的秩序，充分利用餐位。

（1）服务程序

引位服务有以下几个程序：

①问候客人。当客人来到餐厅时，引位员应该热情礼貌地问候客人，并应注意遵循女士优先的原则，常客或贵宾应用姓或职务尊称客人。

②询问客人有无预订。如果客人有预订，应询问预订的单位名称或客人姓名，以及预订的人数等情况，并迅速与预订单核对后，引领客人至预先安排好的餐桌；如果客人没有预订，则应询问客人用餐人数，引领客人至餐桌。

③接挂衣帽。当天气寒冷，客人穿戴较厚的外套时，引位员应主动提示客人是否需要将外衣或帽子存放在衣帽间。接挂衣帽时应拿衣领，以免袋内物品掉出；提醒客人随身携带贵重物品，并将存衣牌交给客人。对于贵宾，应记住客人及其衣帽特征，一般不使用存衣牌。

④引领客人入座。引领客人进入餐厅时，应走在客人前面，与客人保持1米左右的距离，但应注意行走速度要与客人保持一致。同时注意礼貌语言的应用，如“请这边走”“请跟我来”，目光向所指方向示意。将客人领至餐桌前，轻声征询客人的意见：“您看这张餐桌可以吗?”等。如客人有异议，则应重新引领客人到其喜欢的餐桌。

⑤拉椅让座。在引位时，引位员应帮助客人轻轻拉开座椅，在客人入座前将座椅轻轻送回。如遇带儿童的客人前来就座，应迅速送上儿童椅。拉椅让座时，应遵循先宾后主、女士优先的原则。待所有客人入座后，将打开的菜单正面递给客人，同时说：“先生/女士，这是我们的菜单”“先生/女士，请看菜单”等。

⑥交接与复位。引位员应将就餐人数及客人姓名等相关信息告知值台员，以便值台员提供有针对性的服务。与值台员交接后，引位员应迅速返回餐厅门口，记录桌号与客人人数等相关信息，准备迎接下一批客人。

（2）安排餐桌餐位的注意事项

引位员应根据客人情况为其安排合适的餐位。

①中高档餐厅，一张餐桌只安排同一批客人就座。

②根据每批客人人数安排合适的餐桌，充分利用餐位。

③对于大批客人，应尽量安排在餐厅的包房或餐厅的角落，以免干

扰其他客人用餐。

④老年人和行动不便的人应尽可能安排在餐厅门口的位置，可避免其多走动。还应注意不要将行动不便的人安排在引人注目的地方，以免客人尴尬。

⑤年轻情侣应尽量安排在较为僻静、不受打扰的角落。

⑥对于带有儿童的客人，应注意不要让儿童坐在靠过道和上菜的餐位，以免出现碰撞和烫伤事故。

⑦不要将客人同时安排在一个服务区域内，以免有的值台员过于忙碌，而有的则无所事事，影响餐厅服务质量。

（3）引位服务的注意事项

①如引位员迎领客人进入餐厅而造成门口无人时，餐厅领班应及时补位，以确保客人前来就餐时有人迎候。

②遇到 VIP 前来就餐时，餐厅经理（主管）应在餐厅门口迎候。

③如客人前来就餐而餐厅已满座时，应请客人在休息处等候，并表示歉意。待餐厅有空位时，应立即安排客人人座。

2. 入座、就餐准备服务

客人入座后，服务员在客人就餐前的服务程序如下。

（1）增减餐位

值台员应视客人人数多少进行餐位调整，同时调整座位及餐具间距，保持舒适的用餐距离，并相应增减餐饮用具。在增减餐位时，均应使用托盘，并做到正确持握餐具和文明操作。如有客人不习惯用筷子就餐，应提供刀叉等。

（2）热毛巾服务

根据客人人数从保温箱中取出热毛巾，放在毛巾架上。服务毛巾时，按女士优先、先宾后主的原则依次送上。站在客人右侧，用毛巾夹将热毛巾放在客人手上或毛巾托上。客人用过毛巾后，在征询客人同意后方可撤下。热毛巾要干净、无异味，温度一般保持在 40℃左右，避免因温度过高烫伤客人。

（3）茶水服务

值台员应询问客人所需茶水的种类，为客人泡好茶后，从客人右侧斟茶。斟茶时，应倒至茶杯的八分满，不要将茶水滴落到客人身上或洒在台布上。另外，要注意杯把偏右、壶嘴朝外，不要对着客人；当茶水剩余 1/3 时，应及时添加。

（4）铺餐巾

值台员从客人右侧拿起餐巾，打开餐巾折花后，右手在前，左手在后，将餐巾一角压在餐碟下，如遇客人正在谈话，要轻声对客人说："打扰一下。"征得客人同意后再铺餐巾。如客人自行把餐巾铺好，应向客人道谢。

（5）撤筷套

在铺餐巾的同时应为客人撤筷套。撤筷套应从客人右侧进行，右手在上，左手在下，将客人面前的筷套拿起，把筷子从筷套中取出，应注意手拿筷子尾端，再轻轻放到筷架上；如客人自行撤去筷套，应向客人道谢，并撤走筷套。同时，还应撤走花瓶与餐位桌号，放在附近的工作台上。

（6）倒调料

在有使用调料佐食习惯的地区，还应为客人倒醋等调料。要主动询问，供客人选择。倒调料时，应在客人右侧进行，一般倒至 1/3 或 1/2 为宜，应特别注意不要将调料洒落在客人身上或桌上。

在上述服务工作完成后或服务过程中，如客人示意点菜，应先接受客人点菜，然后再提供相应的餐前服务，以确保满足客人的最优先需要。

3．点菜服务

服务员在为客人提供点菜服务时，其实是在做餐厅的产品推销工作，因此点菜服务的质量不仅会影响到客人的用餐质量，还会影响到餐厅的营业收入。如果客人有特殊要求，应在点菜单上注明，填写点菜单要迅速、清楚、准确。点菜单一式四联，填写好一联交收银员，两联交传菜组，一联服务员自留。随着技术的进步，许多餐厅已使用计算机系统进行点菜，有些餐厅还使用无线点菜机，这使点菜信息的传递更加及时方便，提高了工作效率。

点菜流程如下：

（1）站在客人右侧，距客人半步远，身体前倾。

（2）询问客人是否可以点菜。

（3）翻开菜单，请客人阅览，同时介绍本店的特色菜、特价菜、新推菜及酒水。

（4）问清客人的具体要求。

（5）在记录客人所点菜品、酒水时，写清日期、桌号、用餐人数、服务员姓名。填写订单要准确，不得涂改。

（6）客人点菜完毕，给客人唱单，以确认客人所点菜品，然后请客人稍候。

（三）就餐服务环节

就餐服务即台面服务，是指把客人点的菜品、饮料送到餐桌，并在整个进餐过程中为客人服务。就餐服务是点菜服务的继续，也是餐饮服务中时间最长、最复杂的服务环节。

就餐服务主要包括以下几个基本环节。

1. 上菜和分菜服务

（1）上菜顺序应坚持“先冷后热、先咸后甜、先菜后点、先浓后淡、先优质后一般”的原则。冷菜一般应在10min内上桌，20min内出热菜，以免客人久候而影响服务质量。

（2）值台员看到传菜员托送菜肴走到自己服务区域的餐桌旁时，应快步上前迎接，并核对菜单，检查菜肴与客人所点是否一致。

（3）上菜时，应说“打扰一下”以提醒客人。要从副主人位右边上菜，菜盘应从客人之间的空隙处平稳上桌，切不可从客人肩上、头顶越过，动作要轻、稳。

(4) 菜肴上桌后就取下盘盖并报菜名，必要时（如客人询问或是本餐厅的特色菜、风味菜）应介绍菜肴。

(5) 如果菜肴有调、配料，应先上调、配料，再上菜肴。凡有造型的菜肴，应注意朝向。

(6) 如遇两位及两位以上客人就餐时，在菜肴上桌后应马上加放一把服务匙，以方便客人取菜并保证卫生；上汤时应在汤盆内加大号汤勺。

(7) 若桌面上菜盘较多而使下一道菜无法放下时，值台员应征求客人意见后将剩菜量较少的菜肴换成小盘或分派给客人，然后再上新的菜肴，切忌将新的菜肴叠压在其他菜盘上。

(8) 如有必要，应为客人提供分菜服务。分菜时要主动、迅速，数量要恰到好处，最后应有 1/3 的余量。如遇羹汤、面条时，值台员应主动为客人分派。

(9) 所有菜点上齐后应礼貌地告诉主人："您的菜上齐了。"如果桌面上剩菜不多，应征询客人是否需要添加。如某道菜迟迟未上，应及时向厨房查询，并向客人表示歉意："对不起，让您久等了"或"真抱歉，耽误了您很长时间"。

2. 酒水服务

餐中的酒水服务要求如下：

(1) 在客人用餐前，根据客人需要，提前为客人斟好酒水。斟满酒水后，值台员应主动询问客人可否撤走茶具。撤茶应从客人右侧用托盘操作。如客人要求保留茶具，则应满足其要求，并随时主动为客人添加茶水。

(2) 随时观察客人用酒情况，在客人杯中酒水不足 1/3 时，值台员应主动为客人斟酒水。

（3）掌握客人酒水用量情况，当客人所点酒水快倒完时，应主动征询客人是否需要添加酒水。如客人不再饮用酒水，则应及时将空杯撤下。

3．撤空盘、骨碟

值台员应随时将桌面空的盘碟撤至工作台，并调整桌面盘碟位置。当客人吃得差不多时，应询问客人是否需要添加菜品，若客人表示不需要添加菜品时，则询问客人需要用什么主食。

在客人用餐过程中，值台员应不断巡视自己的服务区域，如发现客人餐碟中的骨刺残渣超过了1/3时，应及时更换。在用餐过程中，通常下列情况下需要撤换餐具：装过鱼腥味食物的骨碟；吃甜菜、甜点、甜汤之前的汤碗；食用风味独特、调味特别的菜肴前；前后食物汁芡各异、味道有别时；碗碟中洒落酒水时；骨碟中残渣过多时。

撤换餐碟的具体要求如下：

（1）撤换餐碟时，值台员应左手托托盘，将干净的餐碟整齐地叠放在一起，从客人右侧撤下脏碟，换上干净餐碟。

（2）应右撤右上，并注意不要把脏碟中的骨刺残渣掉在地上或污染托盘中的干净餐碟。

（3）撤换餐碟前应征询客人意见，如“对不起，请问可以更换餐碟吗?”待客人许可后再撤换。

（4）撤换餐碟后，服务员应做好下一道菜肴的上菜准备。

4．水果服务

客人完全停筷后，值台员应撤走除酒杯外的所有餐具，换上干净餐碟，送上水果刀、叉，然后将水果送上餐桌，并说“请品尝”或“请享用”。客人用餐完毕后，应按要求提供茶水服务。

(四) 餐后服务环节

餐后服务是指客人用餐结束后，由酒店餐饮部提供的相关服务。这些服务一般包括协助客人结账、引领客人离开餐厅、重新整理桌面等。

1. 结账与收银服务

（1）取账单。当客人示意结账时，值台员应迅速到收款台提取账单，同时复核账单款项是否准确，有无漏记客人用餐过程中添加的菜点、酒水等，确保无漏账和错账的现象。

（2）递交账单。值台员应将从收银台取回的账单夹在结账夹内，走到主人右侧，打开账单夹，右手持账夹上端、左手轻托账夹下端，递至主人面前，请主人检查，注意不要让其他客人看到账单，并轻声说："这是您的账单。"切忌未经主人示意，将用餐消费额说给其他客人听。

（3）结账。餐厅结账分为现金结账、电子支付、刷卡结账、签单结账四种方式。

总之，为客人提供结账服务时应注意把握结账时机，不可催促客人；结账应快捷迅速，不要让客人等待过长时间；注意准确判断用餐的付款人是谁；注意服务态度，将热情、优质服务一直延续到客人离去。

2. 送客服务

送客服务是礼貌服务的具体体现，表示酒店餐饮部对客人的尊重、关心、欢迎和爱护，是高星级酒店餐饮服务中必备的项目。在送客过程中，服务员应做到礼貌、耐心、细致，令客人满意。送客服务具体要求如下：

（1）不能催促不想离开的客人，也不要做出催促客人离开的错误举动。

（2）客人离开时，如有剩余菜肴，应主动询问客人是否需要打包，如需要，应积极提供打包服务。

（3）客人结账起身离开时，应主动为其拉开座椅，礼貌询问用餐是否满意。

（4）帮助客人穿外衣、提东西，提醒客人不要遗忘物品，并查看是否有遗留物品。

（5）面带微笑注视客人离开，或亲自陪同送到餐厅大门，并礼貌地向客人道谢，欢迎他们再次光临。

（6）如遇下雨等特殊天气，可为没有带伞的客人提供打伞服务，帮助客人上车或叫出租车，直至客人安全离去。

（7）重大团队餐饮活动的欢送要隆重、热烈，服务员应穿戴规范，列队欢送，使客人感受到服务的真诚和餐厅的重视。

3. 餐后整理服务

餐后整理服务主要是指翻台服务。翻台是指在客人离开餐厅以后，服务员收拾餐具、整理餐桌，并重新摆台的过程。翻台往往是在其他客人仍在进餐的过程中进行的，或是在没有找到餐桌的客人正在等候时进行的，因此，翻台的文明和效率是该程序的基本要求。

（1）翻台应及时有序。翻台顺序一般为先收餐巾和毛巾，后收玻璃器皿，再收不锈钢餐具，最后收瓷器类餐具和筷子。

（2）翻台时应分类摆放，坚持使用托盘，并注意安全和卫生。撤下的布草、餐饮用具等应及时运送至指定地点。

（3）翻台时应文明，小心作业，保持动作的稳定，不要损坏餐具、物品，也不要影响其他就餐客人。

（4）翻台时应注意周围的环境卫生，应将餐巾纸、杂物、残汤剩菜等统一收集处理。

（5）翻台时如果发现客人遗忘的物品，应设法交还客人，如客人已离店，应上交总台登记保管，以便客人找寻时归还。

（6）翻台后，应立即开始摆台，等候迎接下一批客人的到来或继续为其他客人服务。

（五）营业结束工作

中餐点菜服务的营业结束工作主要有以下内容。

1. 收拾餐桌

撤走所有用过的餐饮用品，做好餐桌、座椅的清洁工作。

2．送洗餐饮用品

将撤下的餐饮用品分类送至洗碗间进行清洗、消毒。

3．整理备餐间

做好备餐间的卫生，补充各种消耗用品，将脏的餐巾、台布等分类清点后送至洗衣房清洗。

注意事项：只有所有就餐客人离开餐厅后才能进行大范围的餐厅整理工作。如客人尚在用餐，不得以关灯、吸尘、拖地等行为来干扰客人。餐厅营业结束工作需要餐厅内引位、值台、传菜、吧台、收银各岗位服务员通力合作。餐厅营业结束工作做好后，应使餐厅恢复至开餐前的状况，待领班检查合格后关灯、关门。

三、中餐宴会服务环节

（一）宴会预订服务

1．宴会预订的方式

宴会预订是指客人与宴会预订有关人员接洽联络、沟通宴会预订信息的过程。不同的宴会，消费对象的需求不同，采取的预订方式也有所不同。

（1）电话预订

电话预订是店方与客户联络的主要方式之一，主要用于客人询问宴会的有关事项，如核实地点和日期、确定细节等。同时，还可通过电话约定见面的时间。

接听电话可以分为接电话前、接电话中和挂断电话三个阶段。接电话前这个阶段要做到：停下手边的一切工作，准备好纸和笔，铃响三声以内迅速接听。接电话中这个阶段要做到：问好并自报家门；准确记录客人的预订信息，如用餐人数、用餐时间、用餐标准、特殊要求，以及订餐人的姓名和联系方式等；复述客人要求，请客人确认。挂断电话阶段要向客人表示感谢。客人挂断电话后，服务人员方可将电话挂断。

（2）面谈预订

面谈预订是进行宴会预订比较有效的方法。销售人员当面为客人进行介绍，有利于取得客人的信任和认可。

（3）信函预订

信函预订主要用于促销活动，回复客人询问。信函预订适合于提前较长时间的预订。酒店收到询问信后要立即回复，事后还要与客人保持联系，争取客人在本酒店举办宴会活动。

（4）网络预订

客人可通过互联网询问酒店举办宴会的一些情况，销售人员要及时维护网页、及时回复，避免客户预订“石沉大海”。

2. 宴会预订的程序

（1）接受预订

在这个阶段，要尽可能回答客人提出的所有问题。这就要求宴会人员掌握有关宴会部的所有信息，便于回答客人提出的任何问题。例如，宴会菜肴、酒水的具体内容及价格，宴会厅的规模，消费标准，环境装饰、场地布置，以及举办宴会的一些设想店方是否可以满足等。

（2）填写宴会预订单

如果确定宴会预订可行，一定要填好一式两份的宴会预订单，其内容主要包括宴会主办单位或个人的名称、地址、联系电话，宴会类型，举办日期，出席人数，宴会标准，付款方式，预订金额等。

（3）填写宴会安排日记簿

填写完宴会预订单后，应将预订的细节填写到宴会安排日记簿上，按照日期排列。对于没有确定的预订可用铅笔记录，已确定的预订则用钢笔记录，一般由预订员来负责登记和管理。日记簿上的内容主要包括宴会举办的日期、具体时间、客人的联系电话、宴会类型、出席人数、是暂定还是已确定。

（4）签订宴会合同、支付订金

一旦宴会得到确认，应与客人签订合同。同时，为了保证宴会预订的确认，通常会要求客人预付一定数量的订金，一般是订席费用的10%，填好后由双方签字确认。

（5）发布宴会通知单

宴会正式确认后，由餐饮部对酒店内部各有关部门下发一张类似公文的宴会通知单，告知各部门在该宴会中应负责执行的工作。成功举办一场宴会需要许多部门通力合作，如果通知单能够将所有工作事项列出，对于举办宴会将是十分有利的。宴会通知单包括预订单中的主要资料，以及各部门所需准备的物品内容和相关事项，如接洽人、餐厅、桌数、人数、菜单、特殊要求等。各部门接到宴会通知单后，必须按照通知单上的要求认真执行。总而言之，宴会通知单是部门与部门之间沟通的桥梁，可确保部门间快速、准确地传递信息。

（6）宴会预订后的再确认

由于大型宴会都于数月前定下，时间的拉长难免导致一些细节发生变化。例如，参加人数的增减、宴会开始的具体时间等。为能够适应此类临时变化，预订人员应在宴会举办前一周以电话或面谈的方式与客人再次确认。如果有所更改，应马上通知各相关部门。

（7）宴会的变更和取消

如果宴会发生变更或取消，应按流程妥善处理。

①宴会的变更。无论是客人方面的原因还是酒店方面的原因，若有任何变更，都要提前一周通知对方。预订员要在活动的前两天再次与客人联系，进一步确定所有详情。当客人通知酒店宴会活动更改时，预订员首先要主动热情、态度和蔼；其次，要了解更改的项目和原因，认真记录，将更改后的处理信息及时通知客人，并向客人致谢；最后，填写更改通知单，请客人签字确认，并将更改通知单的详细内容及时通知到相关部门，这样各部门可以依照变更内容进行工作上的调整，合力满足客人的要求。

②宴会的取消。预订时要告知签订协议的单位尽量遵守时间，如遇特殊情况，要提前通知酒店。如遇对方因某种原因取消预订，预订员也

要态度和蔼地接待；接受取消预订的时候，尽量问清原因，以便今后合理推销；在宴会预订单上盖上“取消”的印记，记录取消人及预订员的姓名；及时通知相关部门。

（8）宴会售后管理

①信息反馈并致谢。宴会结束一周后，由宴会销售部以电话、信函或邮件的方式征询主办单位或个人对本次宴会的意见和建议，并对其选择本酒店举行宴会再次表示感谢。在客人提出意见或建议后，要及时向有关部门反映，以期完善工作。

②跟踪回访。宴会销售部应与客户保持长期的联系，在节假日以邮件、电话或明信片的方式转达酒店的问候和祝福，密切关注客户的重要信息，促使客户再次选择本酒店举办活动。

③建立宴会档案。设专门档案来保存所有举办过的宴会的资料，尤其对那些每年固定举办宴会的单位情况要详加记录。宴会档案包括预订资料、宴会执行资料和宴会活动的有关总结资料。酒店有必要派专人对宴会档案资料进行管理。建立宴会档案有助于提高工作效率、改善工作效果，更好地提供个性化、针对性的服务。

（二）宴会服务流程

中餐宴会服务流程可分为四个基本环节，分别是宴会前的组织准备、宴会前的迎宾服务、宴会中的就餐服务和宴会结束的送客服务。

1. 宴会前的组织准备

（1）掌握情况

接到宴会通知单后，餐厅管理人员和服务员应做到“八知、三了解”。“八知”是指知台数、知人数、知宴会标准、知开餐时间、知菜式品种及出菜顺序、知主办单位或房号、知收费办法、知邀请对象。“三了解”是指了解客人风俗习惯、了解客人生活忌讳、了解客人特殊需要。如果是外宾，还应了解其国籍、宗教信仰、禁忌和口味特点。

（2）明确分工

规模较大的宴会要确定总指挥人员。总指挥在准备阶段要向服务员交任务、讲意义、提要求，宣布人员分工和服务注意事项。在人员分工方面，要根据宴会要求，对迎宾、值台、传菜、供酒及衣帽间、贵宾室等岗位有明确分工和具体任务，将责任落实到人。做好人力、物力的充分准备，要求所有服务人员思想重视、措施落实，保证宴会善始善终。

（3）宴会布置

宴会布置分场景布置和台形布置。场景布置应根据宴会的性质和规格的高低来进行，要体现出隆重、热烈的气氛和我国传统的民族特色。台型布置不仅是事务性的工作，而且涉及社交礼仪等问题。因此，要根据宴会厅的形状、实用面积和宴会要求，按宴会台型布置的原则（即“中心第一，先右后左，高近低远”）来进行设计。

（4）熟悉菜单

服务员应熟悉宴会菜单和主要菜点的风味特色，以做好上菜、派菜和回答客人问题的思想准备。同时，服务员应了解每道菜点的服务程序，保证准确无误地进行上菜服务。

（5）物品准备

根据菜单的服务要求，准备好各种银器、瓷器、玻璃器皿等餐饮用具，要求每一道菜准备一套餐碟或小汤碗。根据菜肴的特色，准备搭配的佐料。根据宴会通知要求，备好鲜花、酒水、水果等物品。

（6）铺好餐台

要在宴会开始前一小时铺好餐台并按规格摆好餐具和台上用品。在副主位的桌边，面向宴会厅的入口摆上席次卡，在每个餐位的水杯前立席卡，菜单放在正副主位餐碟的右侧。同时，备好茶、饮料、香巾，上好调味器，将各类开餐用具摆放在规定的位置，保持厅内的雅洁整齐。

（7）摆设冷盘

大型宴会开始前10min摆上冷盘，中小型宴会则视客人情况而定。摆设冷盘时，根据菜点的品种和数量，注意菜点色调的分布、荤素的搭配、色彩的搭配、味型的搭配、菜型的正反、刀口的逆顺、菜盘间的距离等。摆台不仅为客人提供了一个舒适的就餐地点和一套必需的进餐用具，而且能给客人以赏心悦目的艺术享受，为宴会增添隆重而又欢快的气氛。

准备工作全部就绪后，宴会管理人员要做一次全面的检查。从台面服务、传菜等的人员分派是否合规、合理，到餐具、饮料、酒水、水果是否备齐，从摆台是否符合规格，到各种用具和调料是否备齐并略有盈余，从宴会厅的清洁卫生是否搞好，到餐饮用具的消毒是否符合卫生标准，从服务员的个人卫生、仪表装束是否整洁，到照明、空调、音响等系统能否正常工作，都要一一进行仔细检查，做到有备无患，保证宴会按时举行。

2. 宴会前的迎宾服务

(1) 热情迎宾

根据宴会的入场时间，宴会主管人员和引位员提前在宴会厅门口迎候客人，值台员在各自负责的餐桌旁准备为客人服务。客人到达时，要热情迎接，微笑问好，将客人引入休息间就座。回答客人问题和引领客人时要注意用敬语，态度和蔼，语言亲切。

(2) 接挂衣帽

如宴会规模较小，可不设专门的衣帽间，只在宴会厅房门前放衣帽架。如宴会规模较大，则需设衣帽间存放衣帽。服务员在接挂衣服时，应握衣领，切勿倒提，以防衣袋内的物品滑出。贵重的衣服要用衣架，以防衣服走样。重要客人要凭记忆进行准确的服务。贵重物品请客人自己保管。

(3) 端茶递巾

客人进入休息厅后，服务员招呼客人入座并根据接待要求递上香巾、热茶或饮料。递巾送茶服务均按先宾后主、先女士后男士的次序进行。

3. 宴会中的就餐服务

(1) 入席服务

值台员站在各自服务的席台旁等候客人入席。当客人来到席前时，要面带笑容，引领客人入座。在照顾客人入座时，用双手和右脚尖将椅子稍撤后，然后徐徐向前推，让客人坐稳坐好。引领入座时，同样按先宾后主、先女士后男士的次序进行。待客人坐定后，把台号、席位卡、花瓶或花插带走。将菜单放在主人面前，然后为客人取餐巾，将餐巾摊开后为客人围上，脱去筷子套，斟倒酒水。

（2）斟酒服务

为客人斟倒酒水时，值台员要先征求客人意见，根据客人的要求斟倒酒水，一般酒水斟八成满即可。斟白酒时，如客人提出不要，应将客人位前的空杯撤走。

酒水要勤斟倒，当客人杯中酒水剩 1/3 时应及时添加，斟倒时注意不要弄错酒水。客人干杯和互相敬酒时，应迅速拿酒瓶到台前准备添酒，主人和主宾讲话前，要注意观察每位客人杯中的酒水是否已满上。在宾主离席讲话时，主宾席的值台员要立即斟上红、白酒各一杯放在托盘中，托好站在讲台一侧等候。致辞完毕，迅速端递上。当主人或主宾到各台敬酒时，值台员要准备酒瓶跟随添酒，客人要求斟满酒杯时，应予以满足。

（3）上菜服务

上菜要按规范程序进行操作。厨房出菜时一定要在菜盘上加盖，菜上桌后取走。多台宴会的上菜要看主台或听指挥，做到行动统一，以免造成早上或迟上、多上或少上等现象。要正确选择上菜位置，每上一道新菜要介绍菜名和风味特点，并将菜盘放在转盘中央位置。鸡、鸭、鱼等菜品或椭圆形的大菜盘，在摆放时要注意摆放要求。上新菜前，先把空盘撤走，如盘中还有剩余的菜，应征询客人是否改为小盘盛装，在客人表示不再需要时方可撤走。

服务员服务宴会时要主动、均匀地为客人分汤、派菜。凡配有佐料的菜，在分派时要先沾（夹）上佐料再分到餐碟里，分菜的次序也是先宾后主、先女士后男士。

（4）撤换餐具

为显示宴会服务的优良和菜肴的名贵，突出菜肴的风味特点，保持桌面卫生雅致，在宴会进行的过程中，需要多次撤换餐具或小汤碗。重要宴会要求每道菜换一次餐碟，一般宴会的换碟次数不得少于三次。

（5）席间服务

宴会进行中，要勤巡视、勤斟酒。细心观察客人的表情和示意动作，主动服务。服务时，态度要和谐，语言要亲切，动作要敏捷。

在撤换菜盘时，如果转盘脏了，要及时擦干净。擦拭时用抹布和一只餐碟进行操作，以免脏物掉到台布上。转盘清理干净后才能重新上菜。

若客人在席上碰翻了酒水杯具，要迅速用餐巾或香巾帮助客人清理，并为客人换上新的杯具，然后重新斟上酒水。

客人用餐后，送上热茶和香巾，随即收走台上除酒杯、茶杯以外的全部餐具，抹净转盘，换上点心碟、水果刀叉、小汤碗和汤匙，然后上甜品、水果，并按分菜顺序分送给客人。

客人吃完水果后，撤走水果盘，递给客人香巾，然后撤走点心碟和刀叉，摆上鲜花，以示宴会结束。

4．宴会结束的送客服务

（1）结账准备

上菜完毕后即可做结账准备，清点所有酒水、香烟、佐料、加菜等宴会菜单以外的费用并累积总数，送收款台准备账单。结账时唱收唱付。若是签单、签卡或转账结算，应将账单交客人或宴会经办人签字后送收款台核实，及时送财务部入账结算。

（2）拉椅送客

主人宣布宴会结束时，值台员要提醒客人带齐随身物品。当客人起身离座时，要主动为其拉开座椅，方便客人离席行走，并视具体情况目送或随送客人至餐厅门口。如宴会后安排休息，要根据接待要求进行餐后服务。

（3）取递衣帽

客人出餐厅时，衣帽间的服务员要根据取衣牌号码及时、准确地将衣帽取递给客人。

（4）收台检查

在客人离席的同时，值台员要检查台面上是否有未熄灭的烟头，是否有客人遗留的物品。在客人全部离去后要立即清理台面。清理台面时，按先餐巾、香巾和银器，然后酒水杯、瓷器、刀叉和筷子的顺序分类收拾。凡贵重餐具要当场清点。

（5）清理现场

各类开餐用具要按规定位置复位，重新摆放整齐。开餐现场重新布置恢复原样，以备下次使用。

收尾工作做完后，领班要进行检查，待全部项目合格后方可离开或下班。

5. 宴会服务过程中的注意事项

（1）宾、主致辞讲话时，值台员应暂停操作，肃立等候。

（2）就餐过程中，如遇客人起身离席，应主动拉椅。

（3）宴会服务时做到“三轻”，即说话轻、走路轻、操作轻。

（4）各岗位服务员之间应分工协作，配合默契，确保宴会的顺利进行。

（5）宴会进行过程中，如有客人不慎将餐具掉落在地上，值台员应及时送上干净餐具，然后收拾掉在地上的餐具。

（6）宴会结束后，应及时征询客人对宴会的意见和建议，并对宴会服务情况进行总结，提出做得较好的方面，找出不够完善之处，向上级汇报。

四、中餐团体包餐服务环节

（一）了解客情

要了解团体的名称、国籍、身份、生活习惯、忌讳、人数、开餐时间、用餐标准及特殊要求等，以便有针对性地服务。

（二）拟定菜单

菜单应由餐厅管理人员根据客人的用餐标准、口味特点、生活习惯和具体要求与经办人协商拟定，要求菜点品种搭配合理，具有本地特点，数量适中，口味齐全。

（三）整理餐厅

要清洁餐厅，排列餐桌。厅内陈设和台型布置要整齐美观，并根据接待对象的不同，加以适当调整。例如，会议包餐可布置得朴素典雅一些，旅行团体可布置得华丽热烈一些。餐台的距离要适宜，以方便来宾出入。如果同一餐厅同时有两个不同标准的团体就餐时，要划分就餐区域，最好用屏风作为隔挡，将其分开。

清洁餐厅后，准备餐具、用具，进行摆台。团体包餐一般不喝酒，每客位的餐具以餐碟、汤碗、汤勺、筷子为主，备酒的包餐再增加酒杯，合食制的包餐每桌还要配备公用餐具、调味品、牙签盅等用品。

（四）准备物品

准备茶水、毛巾。大型团体包餐也可以在客人到来之前先将包有保鲜膜的冷盘摆放在餐桌上，以满足团体包餐快速服务的需要。

（五）团体包餐服务程序

（1）热情迎宾。迎宾员通过佩戴的徽章识别所属团体，示意划定的进餐区域；值台服务员为客人拉椅让座，递上香巾，斟倒第一杯饮料。

（2）餐间服务。如客人是凭就餐券进餐的，应按每桌点齐人数，收取餐券，然后上菜。收餐券时，应从客人左后方收取，如是客人主动收集在一起的，要注意清点，并向客人致以谢意。当一桌客人到齐或基本到齐后，应以较快的速度上齐热菜、点心等，席间服务要及时撤换餐具，添加主食，整理餐台。

（3）结账收款。团体包餐一般由领队或经办人统一结账。如遇分食制的团体包餐，则由客人凭就餐券用餐。

（4）清理餐厅。清理餐厅的方法与零点服务大致相同，但应注意的是，每桌若有一个客人未离开，就不能收拾台面；当餐厅有一个客人仍在就餐，就不能清扫地面。

（六）团体包餐服务的注意事项

（1）注意饭菜的保温，应把握好用餐时间，在约定时间或客人到齐后再上热菜。

（2）客人如要标准外的酒水，应满足其要求，并向客人解释清楚，差价应现付。

（3）个别用餐因习惯等原因有特殊要求的，应在可能的情况下尽量满足。

（4）对多次在餐厅用餐的团队或会议客人，尽量根据客人喜好，每餐提供不同菜单。

（5）注意值台服务，随时给客人换餐碟、添加饮料。如有外宾，应根据客人要求及时提供刀、叉、勺。

第二节　西餐服务

西餐是欧美各国菜肴的总称，泛指根据西方国家饮食习惯烹制出的菜点，以及根据西方习俗提供的服务。西餐的主要特点是主料突出、形态美观、口味鲜美、营养丰富、供应方便等。西餐服务具有悠久的历史，在国际上早已形成一定规范。我国的西餐服务应遵循国际惯例，在做到标准化、规范化和程序化的基础上，体现个性化服务，以优质的服务为餐厅赢得良好的声誉和经济效益。

一、西餐服务概述

（一）西餐厅经营特点

西餐厅是专门提供西式菜点、饮料和服务的餐厅，是我国酒店餐饮部的一个对外窗口，其经营特点主要体现在以下几个方面：

（1）西餐厅经营时间长短不一，如咖啡厅的经营时间是18～24小时，以快捷、适中的价格面向大众。

（2）西餐厅的装饰要体现西方用餐特点，讲究气氛，突出背景音乐，照明以烛光为主。

（3）西餐菜单要体现西餐厅的经营风格和水平。

（4）西餐厅一般以经营法、英、俄、意式菜系为主，同时兼容并蓄、博采众长，是西方饮食文化的一个缩影。

酒店西餐厅服务按照接待对象的不同，通常分为零点正餐服务、宴会服务和自助餐服务。在服务过程中，不仅要遵循西餐服务国际惯例，而且要熟练掌握服务性质和服务标准，如此才能为酒店赢得良好的声誉和经济效益。

（二）西餐服务方式

服务方式是指餐厅为客人提供菜点、酒水的方法和形式。西餐菜肴常见的服务方式有美式服务、法式服务、俄式服务、英式服务、大陆式服务等。

1. 美式服务

美式服务又称“盘子服务”，是餐厅服务中最普遍、最有效的服务方式之一。在美式服务中，菜肴由厨师在厨房中烹制、装盘。餐厅服务员用托盘将菜肴从厨房运送到餐厅的服务桌上。热菜要盖上盖子，并且在客人面前打开盘盖。传统的美式服务中，上菜时服务员在客人左侧，用左手从客人左边送上菜肴，从客人右侧撤掉用过的餐盘和餐具，从客人的右侧斟倒酒水。目前，许多餐厅的美式服务的上菜服务是从客人的右边，用右手顺时针进行。

美式服务的端托技能为端盘，又称“徒手低托”，一般使用左手单手端盘。此方法主要用于西餐上菜和撤盘。美式服务中盘子的端法有三种。

（1）一个盘子端法：用拇指和掌根鼓起部位压住盘边，为防止留下指纹，指头要向外翻，其余手指贴在盘子下面，起支撑盘子的作用。

（2）两个盘子端法：第一个盘子同一个盘子端法；第二个盘子用食指、中指和无名指支撑，拇指和小指贴在盘子的边上。

（3）三个盘子端法：用左手拇指轻轻压住第一个盘子的边，用食指支撑盘底的凸出部分，其他三根手指自然松弛；第二个盘子在第一个盘子上面，插在拇指根鼓起的部位，食指轻轻贴着盘子，中指、无名指和小指支撑在盘底；端第三个盘子时，把放在第二个盘子下面的小指提到盘子上面，使其处于放松状态；为使第三个盘子保持平衡，应托住盘底。

2. 法式服务

法式服务源于法国宫廷，由西查·里兹改良后用于豪华饭店，因此被称为“里兹服务”。法式服务通常用手推车或旁桌在现场为客人加热、调味、切割菜肴等，因此又被称为“餐车服务”。

这种服务方式注重服务程序和礼节礼貌，注重服务表演，注重吸引客人的注意力，服务周到，每位客人都能得到充分的照顾。但是，法式服务节奏缓慢，需要较多的人力，用餐费用高，餐厅空间利用率和餐位周转率都比较低。传统的法式服务相当烦琐。如客人用完一道菜后必须离开餐台，让服务员清扫完毕后再继续入席就餐，这样耗时很多。餐厅还必须准备许多用具，每餐的食品很多，浪费也很大。现在已较少使用这种服务方式。

当今流行的法式服务是将食品在厨房全部或部分烹制好，用银盘端到餐厅，服务人员在客人面前进行即兴加工表演。如对于戴安娜牛排、黑椒牛柳、苏珊油煎饼，服务员在烹制车上进行最后的烹调加工，切片装盘后端给客人；恺撒沙拉是由服务员在客人面前制作，装入沙拉木碗，然后端给客人。

3. 俄式服务

俄式服务是西餐普遍采用的一种服务方法。俄式服务的餐桌摆台与法式的餐桌摆台几乎相同，但是，它的服务方法不同于法式。俄式服务讲究优美文雅的风度，将装有整齐和美观菜肴的大浅盘端给所有客人过目，让客人欣赏厨师的装饰和手艺，刺激客人的食欲。俄式服务中，每一个餐桌只需要一个服务员，服务的方式简单快速，服务时不需要较大的空间。因此，它的效率和餐厅空间的利用率都比较高。

由于俄式服务使用了大量的银器，又被称为“银盘服务”。服务员将菜肴分给每一个客人，使每一位客人都能得到尊重和较周到的服务，因此增添了餐厅的气氛。由于俄式服务是在大浅盘里分菜，因此，可以将剩下的、没分完的菜肴送回厨房，从而避免了浪费。俄式服务的银器投资很大，如果使用和保管不当会影响餐厅的经济效益。

4. 英式服务

英式服务又称“家庭式服务”。英式服务的特点是家庭味很浓，气氛也很活跃，许多服务工作由客人自己动手，节省人力，但节奏较慢。在美国，家庭式餐厅常用英式服务。

服务员从厨房里取出烹制好的菜肴，盛放在大盘里，连同热的空盘一起送到主人面前，由主人亲自动手切割主料并分盘，服务员充当主人的助手，将主人分好的菜盘逐一端给客人。各种调料、配菜都摆放在餐桌上，由客人根据需要互相传递或自取。客人则像参加家宴一样，取到菜后自行进餐。服务员有时需要帮助主人切割食物。

5. 大陆式服务

大陆式服务是一种融合了美式服务、俄式服务和法式服务的综合服务方式。餐厅可根据菜肴的特点选择相应的服务方式。如先用美式服务上开胃品和沙拉，然后用俄式服务上汤，再用法式服务上主菜，最后用法式或俄式服务上甜点。不同的餐厅或不同的餐次选用的服务方式组合也不同，这与餐厅的种类和特色、客人的消费水平、餐厅的销售方式有着密切的联系，但不管采用何种方式，都必须遵循方便客人用餐、方便员工操作的原则。

二、西餐零点正餐服务环节

西餐的上菜顺序与中餐有较大的差异，通常的上菜顺序是开胃菜、汤、副菜、主菜、甜品、咖啡或茶。西餐零点正餐服务环节包括备餐服务、餐前服务、接受点菜、推销佐餐酒、就餐服务和结账送客，部分服务工作的内容与中餐服务接近。

（一）备餐服务

（1）做好餐厅清洁卫生。

（2）擦拭所有餐具。

（3）备足开餐所需调味品。

（4）摆台。如有预订，应在餐桌上放置预订卡，并根据客人预订要求摆放餐具。

（二）餐前服务

（1）客人到餐厅门口时，迎宾员应面带微笑热情地问候客人，询问客人是否有预订。如客人已订座，迎宾员应引领客人入座；如客人未预订，迎宾员则应询问客人人数，并礼貌地将客人引领到适当的餐台。

（2）当迎宾员把客人带到餐桌边时，应主动为客人拉椅、让座。拉椅、送椅动作要迅速、敏捷、用力适中，不可因用力过猛而撞到客人。

（3）按先女士后男士、先宾后主的次序，站在客人右手边拆开餐巾，并为客人铺上。

（4）向客人推销餐前开胃酒或鸡尾酒，并做好记录。

（5）开单后，尽快用托盘送上客人所点餐前酒水，并报上酒品名称。如客人没有点酒水，则为其斟倒冰水。

（三）接受点菜

（1）将点菜单打开至第一页，从客人右侧送至客人手中，向客人介绍当日的特色菜。

（2）让客人考虑片刻，再上前站在客人的右侧为客人点菜，按逆时针方向进行。注意按女士优先、先宾后主的原则为客人点菜。

（3）客人点菜完毕，清楚地复核一遍，待客人确认后开单，点菜结束离开前应感谢客人。

（4）上面包与黄油。将黄油碟摆放在面包碟正上方约 1.5cm 处。用左手将备好各种面包的面包篮送到客人左前方，礼貌地请客人选择其喜欢的面包品种，然后用右手将面包夹送到客人的面包碟内。面包服务按逆时针方向进行。

（四）推销佐餐酒

（1）从客人右边送上酒单，并根据客人所点的食品主动推销佐餐酒。

（2）用一条餐巾垫在瓶身下，右手握在瓶身上端，左手托住瓶底，站在主人的右侧将酒标朝向客人，递给客人鉴赏，并请客人确认。

（3）根据客人点菜点酒内容，调整桌面上的餐具和酒具。

（五）就餐服务

（1）上菜前，撤下佐餐酒酒具，提前上与菜品所搭配的餐酒及将会使用到的餐具。

（2）上菜。上菜在客人的右侧进行，上菜时重复客人所点的菜名，注意将每道菜的观赏面朝向客人。如菜品加有菜盖，应在上菜完毕后再揭开菜盖，并请客人慢用。

（3）撤餐盘、餐具。撤掉用过的餐具时，要等到整桌客人都吃完同一道菜后一起从客人右侧撤盘，不要在仍有客人未吃完时便先撤掉已吃完菜的客人的餐具。撤盘按顺时针方向进行，并在撤下餐盘、刀叉等餐具时注意持盘方式，用右手将刀叉固定在餐盘上一起撤下，以防刀叉滑动弄伤客人或弄脏客人的衣服。

（4）在客人用餐过程中，注意按规定给客人及时添加酒、冰水、面包，以及撤空饮品杯。

（5）清洁台面。客人用完主菜后，除水杯、花瓶、蜡烛座外，应将餐桌上的其他餐具撤下。撤餐具按顺时针方向进行，并用专用清洁工具清洁台面。

（6）推销甜品、咖啡、茶、餐后酒，并提供相应服务。

（六）结账送客

（1）客人要求结账时，核对账单上的台号及消费项目，然后用收银盘或收银夹呈上账单。

（2）当客人离座时，及时提供拉椅服务，检查是否有客人的遗留物品，并送客人至餐厅门外，感谢客人的光临，邀请客人再次光临。

（3）客人离开后，清洁餐桌，将餐椅摆放整齐，更换台布，重新摆台。

三、西餐宴会服务环节

（一）餐前准备

（1）布置宴会场所与摆台。根据宴会通知单的要求布置餐厅，摆出台型，做好宴会厅的清洁工作，并根据宴会菜单和规格进行摆台。宴会场所的布置与摆台应注意烘托宴会气氛。

（2）准备临时工作台。根据宴请人数、菜单临时搭设工作台，在工作台上准备咖啡具、茶具、冰水壶、托盘，以及服务用刀、叉、勺等；备餐间内准备面包篮、黄油、各种调味品和酒水，并将需要冰冻的酒水提前放入冰箱。

（3）餐前检查。对宴会前各项准备工作进行检查，服务员整理自己的仪容仪表，调整好精神面貌，为宴会服务做好心理准备。

（二）迎宾服务

（1）客人到达时，服务员礼貌、热情地欢迎客人。

（2）餐前鸡尾酒服务。根据宴会通知单的要求，在宴会开始前半小时或15min左右，在宴会厅门口或休息室为先到的客人提供鸡尾酒，并在餐桌上或茶几上准备小吃。

（3）宴会开始前请客人入宴会厅，为客人拉椅、送椅，客人坐下后为客人铺上餐巾。

（三）用餐服务

（1）宴会开始前进行递送黄油、面包服务。可以用面包篮在客人左侧进行分派，注意所有客人分派的面包数量应一致，也可将面包篮放在客人前面让客人自行取用。

（2）按菜单顺序上菜、撤盘。每上一道菜前，应先将前一道菜用过的餐具撤下，注意各餐桌撤菜、上菜时间要一致。

（3）上每一道菜前将所配酒水从客人右侧提前递送上桌。

（4）为客人斟酒前，先向主人展示酒水，经主人同意后再开瓶。佐餐葡萄酒开瓶后，先给主人杯中斟少量酒，主人品尝认可后，才可按顺序给每位客人斟酒。斟酒完毕后，将白葡萄酒或香槟酒放回冰桶。

（5）上主菜前，先将配菜递送给客人。如果使用俄式服务进行分菜，注意要站在客人左侧进行派菜服务。如果宴会客人较多，应由多名服务员同时进行派菜。

（6）上甜品前，撤除与甜品相配的酒水杯具以外的所有餐具、杯具。摆好食用甜品用的刀、叉、勺。大块点心、水果、乳酪等用甜品刀、叉，冰激凌、布丁等用甜品勺。如果是需要用手直接拿取食用的水果或点心，应提前上洗手盅，用完该类甜品后上毛巾。

（7）进行咖啡或茶服务前，从客人右侧先上糖盅或奶壶，然后再上咖啡或茶。

(8）用餐结束时，推销白兰地、甜酒等餐后酒和雪茄烟。

(四）餐后服务

(1）结账服务。宴会接近尾声时，清点所用的酒水、饮料后，报给收银台打出总账单。当主人示意结账和按规定办理结账手续时，应向客人致谢。

(2）送客服务。客人起身离座时，主动为客人拉椅，检查并提醒客人带好随身物品，向客人致谢并邀请再次光临，然后礼貌地送客人到餐厅门口。

(3）餐后整理工作。整理台面，用托盘或小推车收台、撤台布，整理桌椅，为下一次宴会做准备；领班记录宴会服务情况；关闭电灯、门窗等。

第三节　其他形式服务

餐饮服务的形式有很多，除了中西餐服务以外还有其他形式的服务。餐饮其他形式服务是指根据目前我国和世界上比较流行的几种餐厅类型而形成的服务，可分为自助餐厅服务、扒房服务、酒吧服务、茶坊服务、咖啡厅服务、客房送餐服务等。客人在就餐期间，不仅要求产品的质量，还要求服务人员提供相应的服务。学习其他形式服务的服务程序、服务标准、服务特点，掌握餐厅服务运转的技能和理论，对有效地进行各类餐厅的计划、组织和控制有着十分重要的意义。只有掌握了对客服务的标准流程，才能更好地对客服务，提高客人的满意度。

一、自助餐厅服务

(一）自助餐的起源与发展

自助餐是来源于西餐的一种就餐方式。这种就餐形式起源于 8～11

世纪北欧的斯堪的纳维亚式餐前冷食等。厨师将烹制好的冷、热菜肴及点心陈列在餐厅的长条桌上，由客人自己随意取用，自我服务。客人用餐时不受任何约束，随心所欲，想吃什么菜就取什么菜，吃多少取多少。酒店方面省去了客人的桌前服务，可减少服务员的人数，降低成本。因此，这种自助式服务的用餐方式很快在欧美各国流行起来。随着人们对美食的不断追求，自助餐的形式由餐前冷食、早餐逐渐发展为午餐、正餐；由便餐发展为各种主题自助餐，如情人节自助餐、圣诞节自助餐、周末家庭自助餐、庆典自助餐、婚礼自助餐、美食节自助餐等；供应方式由传统的客人取食发展为现场烹制、现烹即食，甚至还发展为由顾客自取食物原料、自烹自食的“自制式”自助餐，可谓五花八门、丰富多彩。

自助餐以其形式多样、菜式丰富、营养全面、价格低廉、用餐简便而深受消费者喜爱，尤其受到青年和儿童的青睐。自助餐以其独特的魅力正在逐渐兴旺起来。

（二）自助餐的类型与特点

随着餐饮市场的不断繁荣和人们对饮食消费要求的不断提高，自助餐的形式和内容不断丰富，出现了各种类型的自助餐。按自助餐用餐性质和菜点风味划分，可分为西式自助餐、中式自助餐和中西合璧自助餐三大类型。其中西式和中式自助餐按照其菜点出品的风味，又可划分出许多地方风味型自助餐，如四川风味、淮阳风味、意大利风味、法式风味等。这类自助餐的特点是菜点风味明确、特色明显，便于宣传、促销，对消费者吸引力强，更适合于美食节的主题推广，一年四季均可采用。但这类自助餐对食品的制作技术要求较高，对餐厅的布置、餐具的选用、服务质量等方面要求也较高。

1. 西式自助餐

西式自助餐是以欧美风味的菜肴、包饼、甜食等为食品体系，用刀、叉、匙为进餐工具的自助餐形式。西式自助餐的特点主要有以下几点。

（1）西式自助餐销售的食品已形成体系化

西式自助早餐的食品体系由餐前饮料、蛋类、肉肠类、面包类、谷物类、餐后热饮等食品构成。餐前饮料通常是冷制的各种果汁、蔬菜汁及酸奶；蛋类有炒蛋、煎蛋、煮蛋、熘糊蛋等品种，并配有火腿、培根、香肠、奶酪、蘑菇等食品；面包类有小圆餐包、方包、牛角包、丹麦包等，配以黄油、果酱、蜂蜜等；谷物类有麦片、玉米片等；餐后热饮有咖啡、茶、可可等，并配以巧克力、饼干等。如果就餐人数多，可增加一些特色面点、沙拉等。

西式正餐自助餐通常由冷盘、沙拉类、汤类、开胃小吃类、热菜类、面包类、甜品类、酒水饮料构成。高级的西式正餐自助餐还可以推出厨师长精选、特色烧烤等品牌菜点。

（2）西式自助餐的各种装盘都非常注重装饰、美化

西式自助餐食品的盛器是多样化的大型器具。有大气的银盘、镀金盘，形态各异的镜盘，晶莹剔透的水晶玻璃斗、玻璃盅，各种富有特色的瓷盘、瓷盅，乡土气息浓厚的柳藤编制品、木制沙拉盒，以及组合式的糕点展示台和水果展示台，还有现代时尚的各种不锈钢保温盘、锅等。这些器具的使用，为菜点的艺术造型提供了有利条件，更为菜点的美化起到了非常好的烘托作用，同时也美化了就餐环境，突出了整个餐饮活动的热烈气氛。

（3）西式自助餐讲究餐台、展示台的整体装饰效果

西式自助餐餐台包括刀、叉、匙、盘、酒水杯的摆放，标准台布、餐巾、装饰布、桌裙的选择与搭配，台面上食品雕刻、黄油雕、冰雕及一些工艺品的摆放，背景音乐，灯光等，通过细心布置、精雕细琢，充分体现西方的饮食文化特色和典雅、温馨的欧美艺术情调。

2. 中式自助餐

中式自助餐就是将种类齐全的中式风味菜点提供给客人，客人按照

中国的饮食习惯进餐的自助餐形式。中式自助餐的经营和运作方式来源于西式自助餐，不同的是菜点风味不同、用餐工具不同，台布的布置、装饰及环境美化的情调和风格也有所差异。

中式早餐自助餐常见于宾馆、饭店或高级招待所，它仅服务于住店客人。中式早餐自助餐的食品通常由红茶、绿茶、牛奶、豆浆、油条、各种谷物、中式煎蛋、煎包、煎饺、蒸包、蒸饺、馒头、水饺、炒面等组成。客人在用餐过程中还可品尝到多种小菜，如各种酱菜、豆腐乳、椒盐花生等。

3. 中西合璧自助餐

中西合璧自助餐是将中餐菜肴、西餐菜肴、中式面点、西式面点等有选择地组合在一起，同时销售给客人，使客人在一餐中能够品尝到中西风味的菜点，领略到中西方不同的饮食文化特色。这种自助餐不仅菜点风味丰富，客人选择余地大，而且还可以避免酒店因菜点单一而造成的翻新困难，为菜点的翻新、餐台的丰富创造了条件。

中西合璧自助餐在菜点的结构上可按照西式自助餐的结构组合，分冷盘、沙拉、汤羹、烧烤、热菜、面点、甜品等。在菜点的数量上及中西式冷热菜、点心的出品比例方面，一般根据客人的人数、年龄、饮食喜好而定。如果用餐的客人以外宾为主，应多制作些西式冷菜，如沙拉和西点，热菜则突出中式菜肴，因为热菜是中式烹调的精华。若是国内消费者则按照客人的地方口味灵活安排中餐，西餐则选用国内消费者适应的、具有西式风味特点的冷热菜和点心，特别是要突出西点制作。

（三）自助餐的餐台设计

自助餐的餐台也叫食品陈列台，它的安排形式多样、变化多端，可以安排在餐厅中央或靠墙，也可放于餐厅一角；可以摆一个完整的大台，也可由一个主台和若干个小台组成。

1. 醒目而富有吸引力

自助餐的餐台要布置在显眼的地方，使客人一进入餐厅就能看见。

食品摆放要有立体感，色彩搭配要合理，装饰要美观大方。可用聚光灯照射台面，但切忌用彩色灯光，以免使菜肴改变颜色，从而影响客人食欲。

2. 餐台的设计应有层次性和立体性

自助餐的餐台设计要充分利用餐厅的每一个空间和角落，给人以错落有致、意境深远的感觉，同时带来感官上的享受。

3. 常见的自助餐的餐台形状

L形自助餐餐台（即长台）是最基本的台型，常靠墙摆放。L形自助餐餐台由两个长台拼成，一般放于餐厅一角。O形自助餐餐台（即圆台）通常摆在餐厅中央。此外，还有其他台型，如扇面台、半圆台等。

(四) 餐台台面布置

（1）客人取菜点用的餐盘放于自助餐台最前端，20个餐盘一叠，码放整齐，不要堆得太高。餐刀、餐叉、汤匙及餐巾纸整齐地放于餐盘前方。有的餐厅将餐具摆放在餐桌上，自助餐台上不放餐具。

（2）自助餐厅餐台和餐桌之间要留有比较宽敞的通道，便于客人取菜。客人用餐的餐桌要布局合理，摆放整齐、美观，便于客人走动。

（3）根据自助餐厅的平面几何形状，可以选用三种布局形式：一是线式布局，即从客人取菜到客人回到餐桌采用单通路形式；二是点式布局，即餐台在中间，客人取菜后，从不同方向回到餐桌用餐；三是线点式布局，即线式和点式结合。不管选用哪一种布局形式，都要做到整齐、美观、协调。

（4）按沙拉、开胃品、汤、熏鱼、热蔬菜、烧烤类或其他热的主菜、甜品、水果顺序摆放菜肴。将某些有特色的菜肴置于特色餐台摆放，如甜品台、水果台或切割烧烤肉类型的服务桌等，菜肴摆放顺序同上。

①热菜要用保温锅盛放，由服务员揭开盖子或客人自行揭盖后取菜。

②每种菜肴都要摆放一副取菜用的公用叉、勺，菜肴前面摆放中、英文菜牌。

③各种菜肴所需的调味品要与菜肴放在一起，以便客人取用。

④摆放菜肴时，注意色彩搭配，使其美观、整齐、有立体感。冰雕、黄油雕、果蔬雕、鲜花或餐巾花等都可用作自助餐台的装饰点缀。

（五）自助餐的服务程序

自助餐厅服务是当前流行的服务方式，可分为餐前准备工作、餐中服务工作、餐台整理服务、餐后收尾工作。

1. 餐前准备工作

（1）按时到岗，按要求着装，检查自己的仪容仪表。

（2）做好各自的计划卫生工作。

（3）把各类餐具、器皿擦拭干净，放入自助餐台及备餐柜内。

（4）备足开餐时所需的调味品。

（5）布置装饰自助餐台，更换脏的台布及桌裙。

（6）摆放自助餐台上的调味品。

（7）做好需保温（或加热）菜肴的准备工作，如电加热需提前将电加热器接好电，并确认电源开关处于关闭状态，酒精加热应备好酒精罐等。

（8）整理餐桌、餐椅，检查餐厅内的绿化。

（9）进行餐桌摆台。

（10）以规范站姿等候客人光临。

（11）领班、主管做好餐前最后的检查工作。

2. 餐中服务工作

（1）客人到来，主动问候客人，拉椅让座。

（2）遇到行动不便的客人，应征求意见并为其取食物。

（3）客人用餐时，服务员要在自己的服务区域，随时为客人提供服务，如撤空盘和空瓶等。

3. 餐台整理服务

（1）保持台面清洁卫生。客人自取食物容易弄脏公用叉、勺或将汤汁滴落到菜盘边，服务员应及时处理。

（2）及时补充食物。在客人用餐过程中，保证所有菜点供应及时，避免客人因取不到而产生不满。

（3）检查食物温度，保证热菜要热、冷菜要凉。

（4）服务员要主动介绍、推荐菜点，并认真回答客人的提问，主动帮助客人取递食物。分切大块烤肉或现场烹制等工作由固定厨师来完成。

4. 餐后收尾工作

（1）当客人用完餐起身时，服务员要及时上前拉椅送客，并向客人表示感谢。

（2）将自助餐台的卫生整理干净。

（3）关掉加热开关和熄灭加热酒精炉。

二、扒房服务

扒房是酒店为体现自己餐饮菜肴与服务的水准，满足高消费客人需求，增加经济收入而开设的高级西餐厅。扒房的设计布置、菜单、服务方式等均有其独特的风格和表现。扒房服务不仅是一个服务过程，也是一个向客人推销酒水的过程。服务员通过良好的沟通技巧，使客人乐于接受推荐的佐餐酒和服务，从而有效地提高扒房的经济效益和社会效益。

（一）扒房概述

1. 扒房的布置与气氛

扒房的布置具有典型的欧洲风格，大多采用法式装潢与设计。扒房所要营造的气氛是一种高雅、富丽和神秘的氛围，这种环境气氛与一流的菜肴相配合，可为客人提供良好的体验。

（1）扒房的主题

扒房的主题一般要能反映欧洲的文化艺术。围绕这个主题，运用各种手段来装饰布置，使整个餐厅协调一致。可选作扒房主题的包括特定的某欧洲时代、花木植物、历史传说、传奇人物等。

（2）扒房的色彩

扒房色彩对塑造豪华、富贵、高雅的气氛非常重要。扒房的色彩多用暖色，尤以金色配深红、咖啡色为多，同时，地毯、椅子、墙壁的色调要保持一致。

（3）扒房的灯光

扒房的灯光较暗淡，以烛光为主，镀银或镀金的烛台有助于渲染扒房的气氛。此外，古典、奢华的油灯和油灯式烛台也很普遍。吊灯、吸顶灯的亮度一般能够调节，在开餐过程中调得较暗，以便营造典雅、神秘的气氛，展台、扒炉、小酒吧处的灯光略强，以吸引客人的注意力。

（4）扒房的家具

扒房家具要豪华、舒适，既可用柔软的扶手椅，也可用精致的法式古典座椅。座位的安排比较宽松，过道宽敞，以方便手推车服务。

（5）扒房的装饰

壁画与雕塑是扒房中必不可少的两类装饰艺术品。壁画与雕塑的内容应当能够反映扒房主题，壁画一般以油画为主，雕塑的大小和题材应考虑到突出主题，有时扒房的主题就是雕塑本身。

（6）扒房的展台

展台装饰可以提升扒房的气氛，餐厅管理人员常用各种水果、模型蛋糕、奶酪、酒类和酒品广告雕塑等组成一个展台，使其成为餐厅的中心。

（7）扒房的餐具

扒房的餐具用品属高档服务用品，一般以镀金或镀银餐具为主。此类餐具必须定期用药水或其他清洁方法除污上光，否则会拉低餐厅的档次。其他镀金、镀银的服务用品（如托盘、烛台），以及烹制车和各种手推车等贵重的设备也要妥善使用保管。

扒房的玻璃杯常用磨花玻璃杯，摆台前要擦亮，不能在杯身上留下指纹和污迹。

（8）扒房的花草

花草盆栽等是扒房布置中不可缺少的装饰品，高大的盆栽不仅可以点缀餐厅，还可以起到自然分隔空间、增强私密性的作用，但布置要合理，避免凌乱。镀金的花瓶，插上一两枝鲜花，会使餐厅富有浪漫情调。注意鲜花要每天更换，保持新鲜。

2. 扒房的服装

在服装上，扒房与一般餐厅有所区别，不同的工种服装也不一样。酒水服务员一般身穿红色马甲背心、西裤，打领结；引座员（一般为女性）身穿西式拖地长裙、白衬衫及与长裙一色的马甲；餐厅服务员着各式紧身西装，打领结；餐厅经理着西装，打领带（晚上多打领结），为渲染气氛，甚至有时着燕尾服。

扒房服务员的服装一般比较讲究，要求美观、大方、挺括、庄重，要与扒房的整体气氛相协调，色彩选用上以黑色、红色为主。

3. 扒房的菜单

扒房菜单的制订与制作都有其特点。

（1）扒房所供应的菜肴品种以烧、烤、煎、扒的牛排为主，同时兼有冷热头盘、海鲜、汤类和沙拉等。

（2）扒房的酒水单和甜品单一般分开印制，品种亦较齐全，尤其是葡萄酒单，应备有世界各地著名的红葡萄酒和白葡萄酒。

（3）扒房作为高级法式餐厅，在其菜单中应包括主要的法式大菜、法国特色菜。

（4）扒房菜单、酒水单的印刷制作亦十分讲究，常用皮制的封面，装帧精美，从某种程度上代表着餐厅的水准。

（5）除了正规的固定菜单外，扒房也同样可以采用附加菜单、当日特选菜单等变动菜单。

（6）扒房菜单的价格一般较高，人均每餐消费额往往是咖啡厅的一倍以上。

4. 扒房的音乐

扒房的音乐要与扒房的气氛、情调相协调，旨在给客人营造一个优雅、浪漫的就餐环境。扒房的音乐形式主要有钢琴演奏、小提琴演奏等。

（二）扒房的服务方式与摆台要求

扒房一般只提供午、晚两餐。午、晚餐的台面布置和服务方式相似，但一般来说，由于客人中午的用餐时间有限，平均用餐时间相对较短，因此服务的节奏较晚餐要快；而对于晚餐，客人一般有足够的时间来享用，可以一边品尝扒房的美味佳肴，一边享受餐厅优雅的气氛，故平均就餐时间较长，服务的节奏较慢。

1. 服务方式

扒房多采用法式手推车服务，许多特色菜肴都在餐厅客前烹制和切割，对服务员的技术要求较高，服务的空间较大。甜品、烈酒、沙拉等都用专门的手推车服务，在进行正餐之前，客人往往先在扒房的酒廊享用鸡尾酒，然后由引座员引到预订的餐桌。扒房的预订程序更加完善，一般都需预订，如客满不能立即给客人安排餐桌，应先请客人在酒廊等候，享用鸡尾酒，待翻台完毕后，请客人进餐厅用餐。

2. 摆台要求

扒房午、晚餐的台面布置中，个人席位的摆台餐具包括汤匙、鱼刀、主刀、垫盆、餐巾、主叉、鱼叉、吐司盘、黄油刀、甜品叉、甜品匙、水杯、葡萄酒杯等。

（1）固定宴会椅的位置。

（2）摆垫盘定位，注意垫盘上的标志，图案朝上。

（3）叉左刀右，刀口向里，距台边约一指宽。

（4）吐司盘和黄油刀放在叉的左边，黄油刀在吐司盘的里侧。

（5）甜品叉、勺横放在垫盘之上，叉柄向左，勺柄向右。

（6）叠好的餐巾放在垫盘上。

（7）水杯和葡萄酒杯斜放在刀尖上方，距刀尖2～3cm。

（8）餐桌上公用的用具有胡椒瓶、盐瓶、糖缸、淡奶壶、烟灰缸，以及烛台或油灯、花瓶等装饰。

（三）扒房的午、晚餐服务程序

扒房的服务规格比较高，要求服务员的操作熟悉、优雅，具有表演性。

扒房服务应体现饭店餐饮与服务的最高水准。服务员应熟悉菜肴和酒水及其服务方式，掌握客前烹制技能，有娴熟的推销技巧，能用外语对客服务，具有绅士风度。扒房服务专业性强，服务员应经培训合格后才能上岗。员工搭配往往是一名领班带一名或两名服务员和一名助手服务一个区域。扒房晚餐的服务程序有以下几个方面。

1. 餐前准备

（1）预订

扒房因进餐节奏慢、就餐时间长，所以座位的周转率较低。客人为了保证到餐厅就有座位，往往需要预订。扒房一般由餐厅预订部负责接受客人的电话预订或面订，并将预订情况填写在预订簿上。预订登记表应一天一页纸，以免弄混淆。

（2）台面布置

按照预订登记表上的登记人数选定餐桌，在餐桌上放置留座卡。每个餐位按西餐正餐的规格摆放餐具。

（3）餐前会

开餐前半小时，每个服务员都要参加由餐厅经理或主管主持的餐前会。会上由经理宣布任务分工，介绍当日特别菜肴和当日客情，检查员工仪容仪表。服务员接受任务后，到各自岗位做好开餐准备工作。

2. 餐前服务

扒房餐前服务操作程序与标准如下。

（1）客人进餐厅

餐厅领位员或经理在餐厅门口迎接客人，见到客人先问候，领位员或餐厅经理将客人引领到预留的或适当的餐桌。

（2）客人就座

先为女士拉椅，将其安排在面朝餐厅的最佳位置。此时，该服务区域的服务员应上前招呼客人，帮助其就座，并向客人介绍开胃酒或鸡尾酒，记下每位客人所点的酒水。

（3）开出酒水订单

酒水订单一式三联，第一联交收银台以备结账，第二联交吧台取酒水，第三联自留备查。在一桌有很多客人的情况下，往往需要在草稿纸上画出餐位示意图，按图用缩写或符号记下客人要求，以防上错酒水。

（4）上酒水

开单后，应尽快将酒水送到客人桌上。没有点酒的客人应为其倒上冰水。上鸡尾酒时，应用托盘送上，并报出名称。

（5）递菜单

扒房领班为每位客人呈递一份菜单，呈递按先女后男或先宾后主次序进行。呈递时要打开菜单的第一页，同时介绍当日厨师特选和当日特殊套餐，然后略退后，给客人以看菜单的时间。在客人点菜时，领班或接受点菜的服务员应注意下述事项：①点牛排、羊排问成熟度；②点沙拉问选取何种沙拉汁；③点法国洋葱汤问清是否配帕尔玛奶酪。

（6）接受点单

扒房是由领班接受客人点菜，在一般情况下服务员不能接受点菜。因西餐是分食制，人手一份菜单，每位客人所点的菜式都可能不一样。领班在接受客人点菜时可以在草稿纸画出座位示意图上并将客人所点的菜名写在相应座位旁，确保记录无误。

（7）呈递酒单

领班或酒吧调酒师向客人介绍、推销与其所点菜肴相配的佐餐酒，并留足客人自己选择的时间。

（8）重新安排餐桌

服务员根据订单和草稿纸上的示意图，给每位客人按上菜顺序摆放刀、叉、勺。最先吃的菜肴用具放在最外侧，其余刀、叉依次向中央摆放。如最后吃主菜牛排，则牛排刀、叉置于最里面。

（9）领班或调酒师订佐餐酒

征求客人用什么葡萄酒（西餐的红、白葡萄酒一般是整瓶出售）。如果订红葡萄酒，要问清楚是现在喝还是配主菜喝；如果配主菜喝，现在是否打开。红葡萄酒要盛放在酒架或酒篮里展示给客人。开瓶要当着客人面进行，开启后将酒瓶连酒架或酒篮放在客人餐桌上。白葡萄酒则需立即服务，即将白葡萄酒瓶放在盛有冰块的香槟酒桶里，连酒桶架一起端到主人身边。有的餐厅摆位时已准备了红、白葡萄酒杯，如果客人只订一种葡萄酒，则将多余的葡萄酒杯撤下。

3. 就餐服务

扒房就餐服务操作程序与标准如下。

（1）上黄油、面包

①服务员检查黄油是否够量，形状是否完好。②检查面包的数量、种类是否齐全。③注意先给女士上黄油和面包。

（2）服务头菜

①根据订单和座位示意图，用餐厅严格规定的服务方式上菜。②有的餐厅用手推车将在厨房分盘装好的菜推至桌边，有的餐厅用银盘分派。③端上菜肴时，要告诉客人菜名。一般情况下，上菜时服务员用右手从客人右边端上，直接放入装饰盘内。④上完菜后，要推走手推车。

（3）检查桌面情况

①撤走空的饮料杯。②换下有两个以上烟头的烟灰缸。③一般来说，红酒斟 1/2 杯，白酒斟 2/3 杯。④添加冰水、葡萄酒。⑤添派面包及黄油。

（4）撤走头盘

①头菜吃完后，撤盘前需征求客人的意见，撤时按先女后男次序进行，将刀叉放在空盘里一同撤下。②西餐服务要求徒手撤盘，只有玻璃杯具、烟灰缸、面包盘、黄油盅等小件物品用托盘撤送。③收盘时，用右手从客人的右边撤下，按顺时针方向依次撤下每位客人的空盘。撤下的脏盘子直接送入洗碗间，分类摆放。

（5）上第二道菜

①服务员用手推车或旁桌服务方式送上第二道菜，直接放在装饰盘内。②汤盅需垫上餐巾折成的小荷花，既美观又可保温。沙拉木碗与汤盅一样需垫小荷花，以使冷冻食品保持低温。沙拉汁、奶酪粉等调配料一律从客人左手边分派。③第二道菜吃完后，空菜盘应连同装饰盘一起撤下。餐位上只留下吃主菜的刀叉用具等。

（6）上主菜

①许多餐厅的主菜是在客人面前烹制表演、切割装盘。服务员要提前做好准备工作，然后由领班进行操作表演。②将菜肴装盘时要注意布局，一般蔬菜等配菜放在大块肉上方，酱汁不要挂在盘边。③服务员在客人右侧上菜，上完后要报菜名，牛排、羊排要告知几成熟。④放盘时，让主菜、肉类靠近客人，蔬菜则靠桌心方向。

（7）撤主菜盘

当全部客人吃完主菜后，服务员应按先女后男的次序撤走主菜刀叉，用服务巾和面包碟将桌上的面包屑扫干净，并征求客人对主菜的意见。

（8）推销奶酪和甜点

①先展示放有各式奶酪的木板或手推车，将客人点的奶酪当场切割、装盘、摆位，并配上胡椒、黄油、面包、凉蔬菜。②待客人吃完奶酪后，将用具托盘撤下，只留下甜品叉、勺，以及有酒水的杯子、餐巾、烟灰缸、花瓶、蜡烛。③展示甜品车，为客人分派甜点、水果。④有些扒房呈递甜品单，甜品在厨房里准备。

（9）上咖啡或茶

①先问清客人喝咖啡还是茶，随后送上糖缸、奶盅或柠檬片，准备

咖啡用具、茶具。②咖啡配糖和淡奶，普通红茶配糖和淡奶，柠檬茶配糖和柠檬片。

（10）撤走甜点用具

①服务员用托盘撤走盛甜点的用具，将咖啡杯或茶杯移到客人面前，随时准备添加。②在客人离桌前，所有酒杯均应保持原位不动，待客人离去后再撤。

（11）推销餐后酒

①展示餐后酒车，问客人是否需要餐后酒。②倒酒时使用酒车上准备好的各式酒杯并随之记账。

4. 餐后服务

（1）结账服务

扒房的结账服务中，只有等客人叫结账后，领班才去收银台通知收银员汇总账单。领班要检查账单是否正确，然后用账单夹或小银托盘递送账单，不需读出金额总数。现在国内饭店、餐厅常见的结账方式有电子支付、现金支付、刷卡支付或计入房账。

（2）送客

客人起身离座时，要帮助其拉椅、穿外套，并提醒客人带上自己的物品，说“希望您用餐愉快”“谢谢光临”“欢迎下次再来”。送客人出餐厅，鞠躬并道再见。

（3）清台

放好椅子，整理餐巾。用托盘、干抹布清理台面，换上干净台布，准备迎接下一批客人或为下一餐铺台。

三、酒吧服务

酒吧源于英文单词“bar”，19 世纪中期最先在欧洲和美国兴起。通俗地说，酒吧是经营各种酒品和饮料的场所。酒吧的种类有主酒吧、酒廊、服务酒吧、宴会酒吧和其他类型的酒吧。酒吧一般由吧台（前吧）、工作台（中心吧）和酒柜（后吧）三部分组成，除酒吧设备外，还包括各类酒水工具和酒杯。鸡尾酒的调制需要一定的技术，一杯完整的鸡尾酒一般由基酒、调和料、附加料和装饰物组成。酒吧服务包括点酒水、示酒、开瓶以及酒吧营业结束的工作程序等。酒吧服务不仅是一个服务过程，也是一个向客人推销酒水的过程。服务员和调酒师应具有良好的沟通技巧，使客人乐于接受推荐的酒品和服务，从而有效地提高酒吧的经济效益和社会效益。

（一）酒吧的种类和设计

1. 酒吧的种类

（1）主酒吧

主酒吧也叫作英美式酒吧。在这类酒吧中，客人一般直接坐在吧台上面对调酒师，当面欣赏调酒师的全套调酒表演。这就要求调酒师有高超的服务技能，同时要求酒吧内部的装饰高雅宜人，有独特的风格。

（2）酒廊

酒廊的经营特点、风格、装饰和布局都与咖啡厅相似。但酒廊一般只供应各种酒品、饮料和小食品。这类酒吧一般有两种形式：一是酒店大堂酒吧，主要为酒店需要短暂休息的客人服务；二是音乐吧，包括歌舞厅、练歌厅，现在多为一些综合音乐厅，除供客人跳舞之外，还可以举办一些文艺表演，有小乐队为客人演奏。

（3）服务酒吧

服务酒吧俗称水吧，又称为餐厅酒吧，一般在中、西餐厅中设置。客人不直接在吧台享用酒水，服务员为客人点单并为客人提供酒水服务。一般情况下，服务酒吧的调酒师不直接与客人打交道。

（4）宴会酒吧

宴会酒吧又称为临时性酒吧，是为各种宴会临时设立的，其大小和造型根据宴会或酒会的规模、形式决定。宴会酒吧营业时间灵活，要求服务员工作集中，服务速度快，并能用自身娴熟的服务技能为宴会增添氛围。

（5）其他类型的酒吧

一些饭店根据经营的特点设置一些特色酒吧，如为游泳客人在游泳池附近设置游泳酒吧，为打保龄球的客人设置保龄球馆酒吧，为住店客人在房间内设置客房小酒吧等。

总之，酒吧的种类和设置是随着市场经济的要求、客人的要求而不断改变的，其经营方式也随之发生变化。

2. 酒吧的设计

酒吧因服务规模和功能的不同，其外观形式、内部布局和装饰也会有所不同。一般情况下，酒吧由吧台（前吧）、工作台（中心吧）和酒柜（后吧）三部分组成。

（1）吧台

吧台的设计要求有特色、简洁、方便服务和操作。吧台应具备短时间内可同时配制出多种酒水的功能，可使调酒师在吧台同时完成几项相关的工作。因此，吧台的设计必须美观、实用，一般吧台的高度为110～120cm，最高不超过125cm，宽度应在60～70cm，并据此设置80～90cm高的吧椅，吧台表面应使用易于清洁和耐磨的材料。吧台内应有足够的空间供多名服务员工作，吧台和它身后的酒柜间的距离应为100cm左右。

吧台通常有直线形、U形和圆形。直线形吧台适合客人全方位欣赏调酒师的技能，也利于客人之间的交流。U形吧台为客人提供了更多可选择的位置，方便客人聊天。圆形吧台可为来自各方向的客人服务，适用于较大型的酒会和自助式宴会。

（2）工作台

工作台是整个酒吧的心脏，位于吧台下面，是调酒师配制各种酒水或切水果的工作区。其高度应为75cm左右，宽度应为45cm左右，售酒所需工具、材料都应放在工作台上调酒师伸手可及的地方。另外，工作台还应备有洗涤设备和处理垃圾的设施等。

（3）酒柜

酒柜即酒吧中的展示柜，高度通常为175cm左右，下层一般与吧台高度相当，起储存和装饰的作用。酒柜的上层通常陈列酒具和瓶装酒（多为配制混合饮料的各种烈性酒），下层除存放各种葡萄酒及其他酒吧用品外，还设有冷藏柜用以存放饮料、水果等。

此外，酒吧还应有收款机、电源设备、家具等。要注意酒吧内地面、墙壁、灯光等的协调，以及酒吧内的温度、湿度和噪声控制等。

3. 酒吧设备、酒水工具、酒杯和基本酒水配置

（1）酒吧设备

酒吧的设备一般有冷藏柜、制冰机、生啤机、电动搅拌机、咖啡保温壶、洗杯机、压力冲水器、苏打枪、葡萄酒储藏柜等，此外还有奶昔机、果汁机、冰激凌机等。

（2）酒水工具

酒水工具主要包括各类量酒工具、调酒工具，一般有冰桶、压汁器、调酒杯、调酒棒、调酒匙、冰锥、量杯、调酒器、开瓶器、砧板、水果刀、吸管、杯垫、冰夹、滤冰器、鸡尾酒串签、托盘等。

（3）酒杯

酒吧中的酒品多种多样，不同的酒品对酒具的要求又各不相同，因此，酒吧中酒杯的种类和式样也多种多样。常用的酒杯有葡萄酒杯，包括白葡萄酒杯、红葡萄酒杯、雪利酒杯、波特酒杯、香槟酒杯等；烈性酒杯，包括威士忌杯、白兰地杯、利口酒杯；混合酒杯，包括高脚杯和平底杯。另外，还有啤酒杯、水杯、果汁杯、热饮杯等。

（4）基本酒水配置

①烈酒，包括白兰地酒、威士忌（包括苏格兰威士忌、爱尔兰威士忌、美国威士忌、加拿大威士忌四种）、金酒、朗姆酒（包括黑朗姆、白朗姆等）、伏特加、特基拉（墨西哥产）等。

②利口酒，包括卡鲁瓦咖啡利口酒、百利甜酒、君度甜酒、薄荷甜酒、可可香草甜酒、加利安奴香草甜酒、森布卡茴香酒、杏仁利口酒、杜林标利口酒、樱桃白兰地、香蕉甜酒等。

③开胃酒和葡萄酒，包括味美思、苦味酒、波特酒、雪利酒、香槟酒、红葡萄酒、白葡萄酒等。

④果汁，包括橙汁、菠萝汁、西柚汁、苹果汁、番茄汁、柠檬汁等。

⑤其他，包括啤酒、碳酸饮料、咖啡、茶、牛奶、糖浆、调味料等。

（二）鸡尾酒的调制

鸡尾酒一词是英文单词“cocktail”的意译。鸡尾酒是以一种或多种烈酒为基酒，与其他配料（如汽水、果汁等）用一定的方法调制而成的混合饮料，即酒类与饮料混合的饮品。当然，狭义的鸡尾酒是指那种装在三角形鸡尾酒杯中酒精度很高的短饮鸡尾酒。

1. 鸡尾酒的组成

（1）基酒

基酒决定了鸡尾酒的品种、基本特征和口味。常用的基酒有白兰地、威士忌、金酒、朗姆酒、伏特加、茅台酒、五粮液等。酒吧中的基酒一般有两种形式：一种是由客人点酒，即供点基酒；另外一种就是酒吧根据标准配方选定的酒，即吧台基酒。

（2）调和酒

调和酒是一种用来冲淡和调和的饮料。常见的调和酒是香料酒，如利口酒类的苦艾酒、橙皮酒、可可酒、加利安奴酒等，还有各类柠檬汁、酸橙汁、青柠汁以及鸡蛋、糖水等。

（3）附加料

附加料用于增加颜色和风味，主要有胡椒粉、盐、辣椒油、番茄酱等。

（4）装饰物

装饰物是鸡尾酒调制完成后的点缀，装饰物能为鸡尾酒增加色彩和美感，有时还能为鸡尾酒调味。常见的装饰物有樱桃、柠檬、菠萝块、草莓、苹果、薄荷叶等。

需要注意的是，在添加装饰物时一定要注意与饮品风格的协调，如给玛格丽塔滚盐边、给白兰地亚历山大撒豆蔻粉等。

2. 鸡尾酒的调制方法

（1）常用的酒吧容量术语

在酒吧服务中，由于调制酒品的需要，经常会用到一些容量术语，常用的有盎司等。一般来说，酒吧的量酒器都是以盎司为单位的容器。

（2）鸡尾酒的调制方法

①摇和法，又称为摇荡法、摇晃法。当鸡尾酒中含有柠檬汁、糖、鲜牛奶或鸡蛋时，必须采用摇和法将酒摇匀。摇和法采用的调酒用具是调酒壶，由壶身、壶颈滤冰器和壶盖三部分组成。摇和法的操作方法是：将冰块放入调酒壶，冰量要达到其容量的四成，然后将原料按先辅料后主料的顺序倒入壶中，盖好壶颈和壶盖后开始摇动。摇动时，调酒壶内外产生压力差，壶盖就不易脱落。

②调和法，又称为搅拌法。调和时需使用调酒杯、吧匙、滤冰器等器具。调和法有两种，即调和、调和加滤冰。调和是把酒水倒入杯中，加入冰块，用吧匙搅拌均匀即可。调和加滤冰是把酒水与冰块注入调酒杯中用吧匙搅拌均匀后，用滤冰器过滤冰块，将酒液滤入饮用杯中。调制时一般用左手扶住调酒杯底部，右手捏在吧匙中心的螺旋纹柄处，吧匙背部贴杯壁，依靠冰的惯性，顺时针方向转动搅拌。当酒杯或调酒杯外有水汽时搅拌结束。

③兑和法。直接在饮用杯中依次放入各类酒品，轻轻搅拌几次即可，高杯类饮品、果汁类饮品和热饮多采用此法。彩虹酒的调制也是采用兑和法，俗称漂浮法或分层法，调制时将酒液或果汁按密度一层一层倒入酒杯，要求分层清晰，用量均匀。

④搅和法。主要使用电动搅拌机进行，当调制的酒中含有新鲜水果或固体食材时必须使用搅和法调制。搅和法的操作方法是：先将调制材料和碎冰按配方放入搅拌机中，启动搅拌机迅速搅动 10s 左右，然后将酒品连同冰块一同倒入杯中。目前在酒吧内，一些需使用摇和法的酒也可以用搅和法来调制，但摇和法更能够较好地把握所调酒品的质量和口味。

（3）调制鸡尾酒的原则

①调制前，各种杯具要洗净、擦亮，酒杯使用前要冰镇。

②按照配方步骤逐步调配。

③量酒使用量酒器，以保证同款鸡尾酒口味一致。

④搅拌时要掌握时间，防止冰块融化过多。

⑤碳酸饮料不能放入调酒壶中摇动。

⑥水果榨汁前可先用热水浸泡，这样能增加果汁的量。

⑦加入蛋清是为了增加鸡尾酒的泡沫，一定要用力摇匀。

⑧饮料混合一定要均匀。

⑨装饰和配方要求一致，并与鸡尾酒的风味相协调。

⑩需上霜（糖粉或盐粉）的鸡尾酒，酒杯杯口不可潮湿，且做到上霜均匀。

⑪调制好的鸡尾酒要在第一时间提供给客人。

⑫整套服务的动作要求规范、标准、快捷、美观。

（三）酒吧服务的主要内容

酒吧服务的主要内容包括点酒水、示酒、开瓶等。酒吧服务程序与标准如下。

1. 点酒水

（1）首先问候客人。

（2）从客人右侧递送酒单。应先递给女士，再递给男士，并留给客人看酒单的时间。

（3）为客人具体介绍酒水的名称、商标、特点等，同时观察客人的反应。若客人不感兴趣，应立即介绍其他酒水。

（4）可向客人建议适当的酒水搭配，但总的原则是让客人根据自己的习惯点酒水。

（5）做好账单的记录确认工作。

（6）客人点好酒水后，应向客人表示感谢，并告知酒水送到的时间。如“谢谢您，您点的××会在×分钟（酒品制作所需时间）后送到”。

2. 示酒

（1）当客人点了整瓶或整罐的饮品时，服务员需在开瓶之前请客人鉴定和确认酒品，这样做是请客人鉴定酒品的质量，也是表示对客人的尊重。

（2）服务员站在客人中的主人（点酒水的人）的右侧，左手托瓶底，右手持瓶，酒的标签朝向客人并距离客人约45cm，以供客人查看。

（3）展示标签时，左手和瓶底之间可以垫一条干净的餐巾，右手握住标签反面的瓶颈处。

（4）由于香槟酒瓶较粗，不易握牢，所以应该用右手的大拇指和食指夹住瓶口，这样就可以握牢酒瓶，并能展示全部标签。

3. 开瓶

（1）客人点的罐装酒水，直接用手拉开封口即可。拉开罐装酒水的封口时需注意不要将封口处直接对准客人，以免罐中的气体逸出后喷到客人的脸上或身上。

（2）打开瓶装啤酒或饮料时，应先将酒瓶擦干净，放在桌面上，左手握住酒瓶，右手开启瓶盖。将瓶盖放在一个小盘中撤走。

（3）葡萄酒开瓶需用酒钻打开。首先将酒瓶擦干净，用干净的餐巾包住酒瓶（注意酒标朝外），请客人确认葡萄酒的名称、出产地、品种、级别等，然后在客人面前打开酒瓶。

（4）开启香槟酒和汽酒时，首先将酒瓶擦净，放入冰桶中一起运到客人右边合适的地方。用干净的餐巾包住酒瓶（注意商标朝外），将酒取出，请客人鉴定、确认。将酒瓶放在桌面上并准备好酒杯，左手持酒瓶，右手撕掉瓶口处的锡纸，除掉瓶盖上的铁丝和铁盖。将酒瓶倾斜45°，右手用一条干净的餐巾包住瓶口，这时瓶中的压力会将瓶口处的木塞慢慢顶出，服务员适时拔出木塞（注意不要将瓶口对准客人，以免木塞和酒水冲出）。用干净的餐巾擦净瓶口，倒出少许请客人中的主人品尝。主人认可后，从女士开始斟酒。

（四）酒吧营业结束的工作

（1）检查和记录营业结束时酒水实际存量，要求理论存量和实际存量必须相等。

（2）收集空瓶，烈性酒空瓶要单独收集存放，其他需回收的玻璃瓶放入指定的盒、箱中。

（3）填写交接班记录，并注明交接时间。

（4）酒吧清洁卫生应保证吧台台面光亮，地面无垃圾、无积水，水槽内无残留脏物。

（5）关闭照明电源，注意不得切断冷藏设备电源。

（6）将酒吧门锁好。

（五）酒吧服务注意事项

（1）应随时注意检查酒水、配料是否符合质量要求，如有变质应及时处理。

（2）应坚持使用量杯量取酒水，严格控制酒水成本。

（3）注意观察客人的饮酒情况，如发现客人醉酒，应停止供应含酒精的饮料。

（4）为醉酒客人结账时应特别注意，最好请其同伴协助。

（5）如遇单个客人，调酒师可适当陪其聊天，但应注意既不能影响工作，又要顺着客人的话题聊。

（6）记住常客的姓名及其饮酒爱好，主动、热情地为其提供优质服务。

四、茶坊服务

茶坊是客人饮茶、品茗、茶（文）艺欣赏、商贸谈判、访亲会友的高雅社交场所。茶坊是现代文明的产物，它要求环境幽静，陈设典雅，具有浓郁的文化氛围，给人以高雅、恬静、舒适、悠闲的感觉。

（一）茶叶的鉴别与保存

1. 茶叶的鉴别

各种茶叶都有高级品和劣等品。所谓好茶、坏茶，是就品质、等级和主观喜恶来说的。不好的茶并不是已经坏了的茶，而是品质较劣的茶。选择茶叶，一般从察看茶叶、嗅闻茶香、品尝茶味和分辨茶渣入手。

（1）察看茶叶

察看茶叶，就是观赏干茶和茶叶开汤后的形状变化。所谓干茶，就是未冲泡的茶叶，包括所谓开汤，就是用开水冲泡干茶，冲出茶汤的内质。

①辨别茶叶的外形。茶叶的外形因种类不同而有各种形态，包括扁形、针形、螺形、眉形、珠形、球形、半球形、片形、曲形、兰花形、雀舌形、菊花形、自然弯曲形等。而开汤后，茶叶的形态会产生各种变化，或快或慢，宛如曼妙的舞姿，令人赏心悦目。

②查看干茶的干燥程度。干茶如果有点回软，说明质量有问题。

③查看茶叶叶片的整洁程度。如果有太多的叶梗、黄片、渣沫、杂质，则不是上等茶叶。

④查看干茶的条索外形。条索是指茶叶揉成的外形。任何茶都有其固定的形态规格，如龙井茶是剑片状，冻顶茶揉成虾球形，铁观音茶紧结成球状，香片（又称花茶）则切成细条或者碎条。不过，光是看干茶，只能看出茶质的三成，并不能马上分辨出好茶与劣茶。

⑤查看冲泡后茶叶的形态。将适量茶叶放在玻璃杯中，用热水冲泡，茶叶就会慢慢舒展开。可以同时泡几杯，来比较同一品种不同品质茶叶的好坏，其中舒展顺利、茶汁分泌最旺盛、茶叶身段最为柔软飘逸的茶叶，是最好的茶叶。

⑥查看茶汤的颜色。冲泡茶叶后，茶叶的内含成分溶解在沸水中所呈现的色彩，称为汤色。茶叶依颜色分有绿茶、黄茶、白茶、青茶、红茶、黑茶六大类（指干茶）。开汤之后，各类茶汤颜色的变化是选茶的重要依据。

第一，观察茶汤要快而及时，因为茶多为酚类物质，溶解在热水中后与空气接触很容易氧化变色。例如，绿茶的汤色氧化即变黄；红茶的汤色氧化即变暗，时间过久，会使茶汤混浊而沉淀。红茶在茶汤温度降至 20℃以下后，常发生凝乳混汤现象，俗称“冷后浑”，这是红茶色素和咖啡因结合产生黄浆状不溶物的结果。“冷后浑”出现早且呈粉红色者，茶味浓、汤色艳；“冷后浑”呈暗褐色者，茶味钝、汤色暗。

第二，茶汤的颜色也会因为发酵程度、焙火轻重不同而呈现深浅不一的颜色。但是，不管颜色深或浅，一定不能混浊、灰暗，清澈透明才是好茶汤。

第三，随着汤温下降，汤色一般会逐渐变深。在相同的温度和时间内，茶汤颜色的变化，红茶大于绿茶、大叶种大于小叶种、嫩茶大于老茶、新茶大于陈茶。茶汤的颜色，在冲泡滤出后10min内较能代表茶的原有汤色。在比较茶汤时，一定要拿同一种类的茶叶进行比较。

（2）嗅闻茶香

察看只能看出茶叶表面品质的优劣，至于茶叶的香气、滋味则不能够完全体会，所以还要用嗅觉识别茶香。

①嗅香的方法

干茶闻香：将少许干茶放在器皿中或直接抓一把干茶放在手中，闻一闻干茶的清香、浓香、糖香，判断有无异味、杂味等。

热茶闻香：开汤泡一壶茶，倒出茶汤，趁热打开壶盖，或端起茶杯闻茶汤的热香，判断茶汤的香型是茶香、花香、果香还是麦芽糖香，同时判断茶汤有无烟味、油臭味、焦味或其他异味。综合判断出茶叶的新旧、发酵程度、焙火轻重。嗅茶香的过程：吸（1min）→停（30s）→吸（1min），依照这样的方法嗅出的茶的香气是高温香。

温茶闻香：茶汤温度稍降后，即可品尝茶汤。这时仔细辨别茶汤香味的清浊浓淡及温茶的香气，更能认识其香气特质。

冷茶闻香：喝完茶汤等茶渣冷却后，便可嗅闻茶的低温香或者冷香。好的茶叶，有持久的香气。只有香气较高且持久的茶叶，才有余香、冷香，才是好茶。如果是劣等茶叶，香气早已消失殆尽了。

②嗅香的技巧

第一，在茶汤浸泡5min左右开始嗅香气。

第二，最适合嗅香的温度为45～55℃，超过此温度时，感到烫鼻；低于30℃时，茶香低沉，有如烟气、木气等气味，很容易随热气挥发而难以辨别。

第三，嗅香应以左手握杯，靠近杯沿用鼻趁热轻嗅或深嗅杯中叶底发出的香气，也可将整个鼻部深入杯内，接近叶底以扩大香气接触面积。

第四，为了正确判断茶叶的香气，嗅香应重复2次，每次3s左右。

但嗅香时间不宜过久，以免因嗅觉疲劳而不敏感。

③品尝茶味

茶汤的滋味，以微苦中带甘为最佳。好茶喝起来甘醇浓稠，有活性，喝后喉头甘润的感觉持续很久。

品味茶汤的温度要适宜。品味茶汤的温度以 40～50℃为适合，高于 70℃，容易烫伤，影响正常品味；低于 30℃时，味觉的灵敏度较差，且溶解于茶汤中与滋味有关的物质在汤温下降时逐步被析出，汤味由协调变为不协调。

品味茶汤的量要适宜。品味时，每一品茶汤的量以 5mL 左右适宜。每次在 3～4s，将 5mL 的茶汤在舌中回旋两次，品味 3 次即可。

为了真正品出茶的本味，在品茶前最好不要吃有辛辣刺激的食物，如辣椒、葱、蒜等，也不宜吸烟，以保持味觉与嗅觉的灵敏度。

2. 茶叶的储存

(1) 影响茶叶品质的因素

茶叶是疏松多孔的干燥物质，储存不当时很容易发生不良变化，如变质、变味和陈化等。造成茶叶变质、变味、陈化的主要因素有温度、水分、氧气和光照。这些因素互相作用可影响茶叶的品质。

①温度：温度越高，茶叶品质变化越快。温度平均每升高 10℃，茶叶的色泽褐变速度将增加 3～5 倍。把茶叶储存在 0℃以下的地方，较能抑制茶叶陈化和品质损失。

②水分：茶叶中的水分含量在 3%左右时，能够较有效地把脂质与空气中的氧分子隔离开来，阻止脂质的氧化变质。当茶叶中的水分含量超过 5%时，水分就会转变成溶剂，引起激烈的化学变化，加速茶叶变质。

③氧气：茶中多酚类化合物的氧化、维生素 C 的氧化及茶黄素、茶红素的氧化聚合都和氧气有关，这些氧化作用会产生陈味物质，严重破坏茶叶的品质。

④光照：光照会加速茶叶中的各种化学反应，对储存产生极为不利的影响。植物色素或脂质的氧化素，易受光的照射而褪色。

(2) 茶叶保存方法

最好准备一台专门储存茶叶的小型冰箱，设定温度在−5℃以下，将茶叶封口紧闭，将其放入冰箱内。或将茶叶储存在一般冰箱的冷冻区，但不能与其他的东西放在一块保存。也可用有双层盖子的罐子储存，以纸罐较好，罐内先摆一层棉纸或牛皮纸，再盖紧盖子。装茶叶时，要尽量装满不留空隙，减少储存空间内的空气，这有利于保持茶叶的品质。

(二) 茶具的种类

我国的茶具种类繁多、造型优美，既有实用价值，又富艺术之美，所以我国的茶具被历代饮茶爱好者青睐。我国的茶具主要由以下几种类型。

1. 陶土茶具

陶土茶具的佼佼者首推宜兴紫砂茶具，早在北宋初期就已崛起，成为别具一格的优秀茶具，明代大为流行。

紫砂壶和一般的陶器不同，其里外都不敷釉，采用当地的紫泥、红泥、团山泥焙烧而成。由于成陶火温高，烧结密致，胎质细腻，紫砂壶既不渗漏，又有肉眼看不见的气孔，经久使用，还能吸附茶汁，蕴蓄茶味，且传热不快，不致烫手。若热天盛茶，不易酸馊，即使冷热剧变，也不会破裂，如有必要，甚至还可直接放在炉灶上煨炖。

紫砂壶具还具有造型简练大方、色调淳朴古雅的特点，外形有似竹结、莲藕、松段和仿商周古铜器形状等。

2. 瓷器茶具

我国茶具最早以陶土茶具为主。瓷器发明之后，陶土茶具就逐渐被瓷器茶具代替。瓷器茶具又可分为白瓷茶具、青瓷茶具和黑瓷茶具等。

3. 漆器茶具

漆器茶具始于清代，主要产于福建福州一带。福州生产的漆器茶具多样，有宝砂闪光、金丝玛瑙、釉变金丝、仿古瓷、雕填、高雕和嵌白银等品种，特别是创造了红如宝石的“赤金砂”和“暗花”等新工艺以后，更加鲜艳夺目，惹人喜爱。

4．玻璃茶具

在现代，玻璃茶具有较大的发展。玻璃质地透明，光泽夺目，外形可塑性大，形态各异，用途广泛。

玻璃杯泡茶，茶汤的鲜艳色泽，茶叶的细嫩柔软，茶叶在整个冲泡过程中的上下运动，叶片的逐渐舒展等，可以一览无余，可以说是一种动态的艺术欣赏。特别是冲泡各类名茶，茶具晶莹剔透，杯中轻雾缥缈，澄清碧绿，芽叶朵朵，亭亭玉立，观之赏心悦目，别有风趣。另外玻璃杯价廉物美，深受广大消费者的欢迎。玻璃茶具的缺点是易破碎。

5．金属茶具

金、银、铜、锡等金属制作为茶具，尤其是锡作为储茶器具材料有较大的优越性。锡罐多制成小口长颈，盖为筒状，密封好，因此具有较好的防潮、防氧化、防光、防异味效果。

6．竹木茶具

在历史上，广大农村包括产茶区，很多人使用竹或木碗泡茶。这种茶具物美价廉，经济实惠，但现代已很少采用。但用木罐、竹罐装茶，仍然随处可见，特别是作为艺术品的黄阳木罐和二黄竹片茶罐，既是一种馈赠亲友的珍品，也有一定的实用价值。

中国历史上还有用玉石、水晶、玛瑙等材料制作的茶具，但总的来说，在茶具史上地位不高。因为这些器具制作困难、价格高昂，并无多大实用价值，主要作为摆设，用来显示主人的富有。

（三）茶点茶果

茶点茶果是饮茶过程中佐茶的茶点、茶果和茶食的统称，主要特征是分量较少、体积较小、制作精细、样式清雅。

人们在品茶时佐以茶点茶果已成习惯。特别是在茶馆，大多采用自助式，客人可以随意选用茶点茶果。品茶品的是情调，是意味，茶点不在多。在选择佐茶的茶点茶果时，应根据不同的茶、不同的季节、不同的日子和不同的人进行不同的选择。

（四）茶坊的类型和经营特点

1. 茶坊的类型

茶坊可以按照功能、经营内容、经营形态进行分类。

（1）按功能分类

随着时代的发展和生活水平的提高，茶坊的社会功能进一步完善和强化，呈现出多元化的特点。不论何种类型的茶坊，都具有交际、信息、审美、展示、教化这五大功能。但是，茶坊由于经营目标的差异，又有不同的功能倾向，按照其功能大体划分为三大类：休闲型、娱乐型、餐饮型。

①休闲型茶坊。这类茶坊是最主要的，也是数量最多的。品茶是一种休闲的方式，人们可以到茶坊放松一下，同时找到各自的乐趣。休闲型茶坊的装修风格或华美，或新潮，或古典，或高雅，或简朴，但都以表现茶艺、品味茶文化、洽谈业务、谈天说地为活动的主要内容。

②娱乐型茶坊。这类茶坊是一种特色茶艺馆，其活动包括听戏、听曲艺、下棋、打牌、猜谜等。近些年来，陶吧式、网吧式、咖啡吧式、布吧式、玻璃吧式茶坊纷纷涌现，这是现代休闲娱乐方式与茶坊相结合的新模式。

③餐饮型茶坊。这类茶坊既是明清以来茶、酒兼营的茶馆的延续，又是在新起点上的提升和改进。

当然，上述三种类型的茶坊并不是截然分开的，这里只是就其主导功能进行划分。

（2）按经营内容分类

就经营内容来说，茶坊可分为单一型、综合型和混合型三种。

①单一型茶坊。这类茶坊将茶与文学、艺术等相结合，经常举办各种讲座、座谈会，推广茶文化。茶坊内提供交谈、聚会、品茗的场所，并兼营字画、书籍、艺术品等买卖，富有浓厚的文化气息，类似某些文化交流中心，有创造文化、发扬文化的功能。

②综合型茶坊。这类茶坊不但以茶文化为名，而且以此为包装，配合季节、庆典举办各种促销活动，综合经营茶叶、茶具及饮品等，服务周到。

③混合型茶坊。这类茶坊以品茗为主，但也以商业经营来创造利润。因此，该型茶坊也经营冰茶、葡萄酒、餐点等项目，类似茶餐厅。

（3）按经营形态分类

从茶坊经营形态来看，茶坊大致可分为以下五种类型。

①品茗型茶坊：崇尚中国传统的饮茶风尚，讲究茶的品饮艺术。

②文化型茶坊：兼具社交和文化性质，与文学、艺术相结合，富有文化气息。

③休闲型茶坊：纯为休闲、聚会、聊天的客人提供一个场所，供客人休憩、交谈之用。

④茶庄型茶坊：以卖茶叶或卖茶具为主，为便于客人选茶，或为了吸引客人买茶，附设茶座。

⑤艺术型茶坊：以卖书画或艺术品为主，设茶座作为媒介。

2．茶坊的经营特点

茶坊的经营是利用空间场地、设备和一定消费性物质资料，通过人的服务活动来满足客人的需要，从而实现经济效益和社会效益。茶坊的经营管理是一项专业性比较强的工作，除了具有一般性服务行业的共同点外，它还有自身的特点。

（1）文化特色的民族性

茶坊表现的是茶艺和茶文化，其服务的内容也代表了中华民族文化精神的内容，可以说，茶坊是中华民族文化的浓缩。随着社会的发展，茶坊逐渐成为人们社交的重要场所，茶坊里悬挂的字画、古朴典雅的家具、悠扬的民族音乐、具有民族特色的挂饰和装饰、风格各异的民族服装、工艺品，再加上各种各样的茶、引人入胜的茶艺表演，让人在领略茶文化风韵的同时，感受中华民族文化的丰富内涵。

（2）艺术的综合性

很多茶坊在装饰、陈列上突出了某一时代的特征，将该时代的各种艺术进行融合，充分地展示其艺术魅力。

（3）经营方式的灵活性

茶坊既有室内的雅座、普座、包房，也有室外的融茶园、景区、公园于一体的茶座；既有早茶、午茶、夜茶、自助茶，也有冰茶、暖茶、饮料茶、有机茶。在经营上，传统和时尚有机结合。可一人独饮，品茗养性，领略茶中真谛；也可与人同乐，在品茗中享受人间乐趣。

（五）茶坊服务的基本要求

1. 服务标准化

服务标准化是保证茶坊服务质量的最基本要求。客人的需要有基本和共同的一面，茶馆要满足客人的需要，必须制定并执行茶坊服务基本规范，保证茶坊服务的水准。茶坊服务标准主要包括：仪容仪表、礼仪礼节的标准；茶艺表演动作的标准；有关的时间标准，如点茶、泡茶、结账的时间要求；茶叶、茶具、茶点等的质量控制标准；茶艺师的考核标准；等等。

2. 服务诚信化

诚信服务，简言之就是要求茶坊服务员对客人要以诚相待、正直坦率、讲究信誉。如果茶坊服务员做到诚信服务，则必为客人所信任，客人也会放心地进行交易，甚至会成为茶坊的忠诚客人。

3. 服务情感化

茶坊服务员的不同情感，往往会导致不同的服务行为——行为积极或行为消极。真挚而友善的情感，具有无穷的魅力和感染力；强烈而深刻的情感，可以促使自己更好地为客人服务。服务情感化要求茶坊服务员必须具有以下素质。

（1）健康的情感

只有用健康的情感服务客人，才能使自己的工作更加符合客人的心理需要。

（2）正确的待人情感倾向

必须使自己具有同情与恻隐之心、理解与宽容之心、尊重与体谅之心、关怀与友善之心。

（3）深厚而持久的积极情感

在工作岗位上，要将个人情感稳固而持久地控制在有利于服务的方面，并不因为某种因素的影响而发生变化。茶坊服务员必须有意识地树立“三心”：一是细心，即细心地观察客人；二是真心，即真心替客人考虑；三是热心，即热心为客人服务。唯有细心、真心、热心这“三心”并具，才能够实现茶坊服务员服务客人的目标，才能使客人动心、放心、省心。

4. 服务艺术化

实物产品给消费者带来生理上的基本满足，而服务产品则给消费者带来艺术上的享受，因此为能更好地展示茶艺之美、演绎茶文化的丰富内涵，茶坊服务员在进行服务时要充分做到礼、雅、柔、美、静。

（1）礼

茶坊服务员注意礼貌、礼仪、礼节，做到以礼待人、以礼待茶、以礼待器、以礼待己。

（2）雅

茶乃大雅之物，尤其在茶坊中，服务员的语言、动作、表情、姿势、手势等都要符合雅的要求，努力做到言谈文雅、举止优雅，尽可能与茶叶、茶艺、茶坊的环境相协调，给客人一种高雅的享受。

（3）柔

茶坊服务员在进行服务时，动作要轻柔，讲话时语气要温和，展现出茶艺服务特有的柔和之美。

（4）美

美主要体现在茶美、器美、境美、人美等方面。“茶美”即茶叶的品质要好，并且要通过高超的茶艺把茶叶的各种美感展现出来。“器美”即茶具的选配要与冲泡的茶叶、客人的心理、品茗环境相适应。“境美”即茶室的布置和装饰要协调、清新、干净、整洁，台面、茶具应干净、整洁且无破损等。茶、器、境的美，还要通过“人美”来带动和升华。“人美”体现在服装、言谈举止、礼仪礼节、品行、职业道德、服务技能和技巧等方面。

（5）静

静主要体现在环境安静、器静、心静等方面。茶坊最忌喧闹，播放的音乐要轻柔、悦耳，交谈声音不能太大。茶坊服务员在使用茶具时，动作要娴熟、自如，轻拿轻放，尽可能不发出声音，做到动中有静、静中有动、高低起伏、错落有致。心静，就是要求心态平和。茶坊服务员的平和心态要在泡茶时通过语言、动作、表情等表现出来并传递给客人。如果表现不当，就会影响服务质量，引起客人的不满。

（六）茶坊服务的服务程序

1. 营业前的准备工作

（1）做好茶坊及个人卫生

①服务员做到工装整洁，无污垢、油渍、茶渍。

②服务员手指干净，不留长指甲。女服务员不涂有色指甲油，不佩戴装饰物。头发要求男不过领、女不过肩（长发束起或盘在头上）。女服务员应化淡妆。

③服务员将室温与灯光调节到适宜的温度和亮度。将茶桌的桌面整理干净，洗烫工作毛巾，洗烫并擦干净茶具，同时检查有无破损。

（2）配好茶叶茶具

服务员应根据每日茶叶销售情况，领取当日所需的各类茶叶，备好配套的茶具。将清洗好的茶具及领取的茶叶放在固定的位置并摆放整齐。准备好托盘、壶垫、杯垫及清洗茶具的清洗剂和毛巾。准备好大保温瓶并注满开水。冬天还需准备加热器。

2. 营业中的服务

茶坊服务操作程序与标准如下。

（1）待客服务

①客人来到茶坊，迎宾员应主动躬身微笑问好，表示欢迎，并视人数或根据客人的要求，将其引领到合适的位置，拉椅让座。

②服务员递上茶单接受客人点茶，并主动介绍各类名茶或该茶坊的

特色茶，以供客人选择。客人点好茶后，服务员应复述一遍，确认无误后，方能离去。

③服务员根据客人所选用的茶品配以相应的茶具。不同种类的茶品有不同的饮法，应使用不同的茶具。如绿茶一般用透明的玻璃杯冲泡，花茶宜用有盖瓷杯冲泡，工夫茶则使用陶瓷茶具饮用等。

（2）茶水服务

①取来茶叶时，先请客人欣赏干茶的做工与外形，并简明扼要地进行介绍。然后用开水冲洗茶壶、茶杯（冰茶则用冷开水冲洗），使茶叶的有效成分能充分释放。

②将适量的茶叶投入壶内，冲入少量的开水，不要一次冲满，约2/3的水即可。

③加盖焖1～2min，使茶叶展开。

④再冲入开水至满，使茶的有效成分大量泡出。

⑤将茶壶放在服务台上，用托盘将桌上的茶杯取下，左手托托盘，右手拿茶壶，将茶水斟入茶杯中，茶水以4/5为佳。然后将茶杯放在客人右手旁，有礼貌地示意客人，并说："先生/女士，请用茶"。

⑥将带茶托的茶壶放在茶桌上，茶壶嘴不能对准客人。冬天需点燃加热器，将茶壶放在上面，然后再放在桌上。

（3）添加茶水

①服务员应随时观察客人饮茶情况，随时按次序为客人斟茶，先宾后主，女士优先。当茶壶内的水只有1/3时，应及时添加开水。

②如果客人杯中的茶水已经很淡了，服务员应主动询问客人是否需要更换。如客人同意更换，其服务程序与标准同上。

（4）糕点服务

①客人在点茶或饮茶的过程中，服务员应主动询问客人是否需要配套的糕点（或小吃），并及时介绍和推销该茶坊的特色糕点（或小吃）。

②当客人确认了糕点（或小吃）后，应立即送上，并搭配热毛巾和

餐巾纸。

(5) 结账

在客人要求结账时，服务员应引领客人到收银台结账。客人起身离座时，服务员要帮助拉椅，并提醒客人带上自己的物品。客人结完账后，服务员应向客人道谢告别并请下次光临。

(6) 收台

客人离去后，服务员应立即撤下茶具，清理桌面，放好椅子，准备迎接下一批客人。

3. 茶坊服务员的素质要求

(1) 热爱本职工作，热心为客人服务。树立客人至上、服务第一的思想，做到亲切主动、热情周到、谦虚礼貌、文明高雅。

(2) 积极钻研业务，做到服务程序标准化、服务高效快捷、服务姿态优美大方。

(3) 勤学好问，熟悉中外茶品和茶文化知识，不断充实自己，提高修养，陶冶情操。

(4) 掌握 2～3 种茶艺表演的技能，做到既能服务，又能表演。

(七) 茶坊服务的注意事项

(1) 面对客人讲话时，要保持适当距离（约 1m）。

(2) 给客人递送物品时动作要轻，应直接送到客人手中。

(3) 茶艺人员之间传递物品时，应手手相接，不可空中抛接。

(4) 蹲起、俯身和起身速度一致，动作要轻，大方自然。

(5) 对客人的提问，有问必答，语气诚恳，解释耐心，不高声喧哗，不指手画脚。

五、咖啡厅服务

(一) 咖啡厅概述

咖啡厅，英文称作 Coffee Shop，字面意思就是为客人提供咖啡饮品的场所。现代酒店中的咖啡厅通常为24小时营业，主要为客人提供各式咖啡及其他饮料、各式早餐和简便午晚餐、自助餐服务。咖啡厅餐台多为方形台，通常将刀叉直接摆放在简易的垫纸上或餐具垫上，较少使用台布。咖啡厅客人流量大，要求服务快捷、简单方便。

1．咖啡厅的布置

咖啡厅的布置，应注意以下问题：

（1）咖啡厅应确定一个主题，围绕该主题进行装饰布置。

（2）色彩一般以明快、开朗为主，多用大自然色彩，给人以赏心悦目的感觉，能够帮助解除旅途疲劳。

（3）咖啡厅大多采用自然采光的手法，咖啡厅的灯光比较明亮，除了餐厅照明外，还常饰有西式油灯、蜡烛台灯等。

（4）咖啡厅的家具总体上比较简便，桌、椅、柜等排列整齐有序。现多不用台布，在光滑的台面上直接放上简易菜单垫，然后摆台。台面的材料也多种多样，如木质台面、人造大理石台面、塑料台面等。靠墙的座位多用沙发和二人对坐式小餐台。咖啡厅的餐桌多为方形，供3～4人就餐，可以拼合，椅子也比较简便、轻巧。

2．咖啡厅菜单设计

咖啡厅最明显的特色是服务快捷、方便，通过快捷有效的服务，加大客流量以增加利润。因此，咖啡厅菜单的设计要符合咖啡厅的经营方针。咖啡厅的菜单有以下几个方面的特点。

（1）菜肴品种以简便西餐为主，辅之以当地的各种风味小吃、甜点、咖啡和其他饮料。

（2）为了体现快捷服务的特点，咖啡厅菜单中拥有较多的半制成品和简易制法的菜肴品种。

（3）菜单的制作也比较简便，色彩和图案等要和餐厅主题与气氛相协调。

（4）咖啡厅菜单的构成主要有：①厨师特选（餐厅的一些特色菜）；

②开胃品；③汤类（大多是制成品，随时点用）；④沙拉；⑤主菜（煎烤类，有牛、羊、猪排）；⑥海鲜；⑦风味小吃（地方特色精选）；⑧三明治、汉堡包；⑨甜品（以各式蛋糕为主）；⑩酒水饮料。

（5）咖啡厅菜单的形式有固定菜单、附加菜单、合卡式菜单、纸垫式菜单和招贴式菜单等。

（6）咖啡厅的菜肴价格相对较低，根据其水准，餐厅管理者可计算平均每位客人的消费金额，结合成本等因素制定合理的价格。

3. 咖啡厅娱乐活动

由于咖啡厅通常以服务快捷、座位周转率高为特点，所以一般不宜安排大型的娱乐活动，营业时以背景音乐为主。但在特殊的节日和活动期间，可在下午茶时间安排一些娱乐活动，如演唱会、演奏会、时装表演等活动，以达到促销的目的。

（二）咖啡厅早餐服务程序

1. 餐前准备

（1）准备工作

①准备好摆台用具，包括刀、叉、勺、咖啡杯、咖啡碟、咖啡勺、面包碟、黄油刀、花瓶、烟灰缸、椒盐瓶、糖缸、奶盅、餐巾等。

②准备好服务用具，包括菜单、笔（或电子点菜设备）、托盘、果汁杯等。

③准备好果汁，注意需冷藏；煮好咖啡，注意保温。备好充足的黄油、果酱、糖、牛奶等。

（2）根据早餐摆台铺设方法摆台

①将垫布或垫纸摆放在餐位正中。

②摆放餐勺、餐刀、餐叉。将餐勺放在垫布的最右侧，在餐勺内侧放置餐刀，刀刃朝内。在垫布的最左侧放置餐叉。勺柄、叉柄、刀柄下端在一条直线上。

③摆放面包盘、黄油刀。视餐桌大小及就餐情况，将面包盘摆放在

垫布左侧适当位置处。将黄油刀架于面包盘边缘靠近客人一侧，刀口朝左。

④摆放咖啡杯具。将咖啡杯连同咖啡杯垫一起摆放在垫布右侧适当位置处。垫碟底线与餐席中心线在一条直线上，咖啡杯杯柄向右，将咖啡勺架在咖啡碟上与咖啡杯杯把平行。

⑤按餐厅规定摆放调味品、牙签盅、糖缸、奶盅。

⑥摆放餐巾。视餐桌大小及就餐情况，将折好的餐巾摆放于每个餐位的正中，即垫布的正中位置，或摆放于面包盘上，餐巾花正面朝向客人。

(3) 检查

检查餐厅设施设备、环境卫生、空调温度，检查桌椅是否整齐，检查摆台是否规范，检查背景音乐，检查个人仪表是否标准。

2. 餐中服务

(1) 迎宾服务

看到客人，迎宾员应主动礼貌地问候客人，如“早上好，先生/女士”。迎宾员应面带微笑并注意目光与客人进行接触，然后引领客人进入餐厅，为客人安排合适的餐桌并拉椅让座。

(2) 服务咖啡或茶

在客人点菜前，先问客人需要咖啡还是茶。

(3) 点单服务

客人入座后，值台服务员上前问好并递上打开的菜单，从客人右侧为其铺上餐巾。记录客人所点内容，客人若点鸡蛋，应问清制作方法和老嫩程度，并在点菜单上注明。重复客人的点单，将点菜单送至厨房和收银台。如使用电子点菜机，直接输入客人所点菜肴及饮品品种，厨房及收银台将实时收到点菜信息。

(4) 调整餐具，准备配料

根据客人所点菜肴品种整理餐台，添加或减少餐具；准备好食物的配料并放在餐桌上，如烤面包应备果酱、黄油等。

(5) 菜品服务

服务员根据酒店情况提供各式早餐服务。

(6) 注意事项

服务员熟记本餐厅提供的早餐种类，注意问清客人的特殊要求。

(7) 结账服务

提前准备好账单并检查无误。客人用餐完毕，送上账单，询问客人用餐满意度并感谢客人。

(8) 送客服务

客人起身为其拉椅，感谢客人光临。

(三) 咖啡厅零点午餐和晚餐服务

咖啡厅零点午餐和晚餐服务内容复杂、服务技术要求高，其服务程序和要求如下。

1. 准备工作

(1) 按要求和工作任务做好备餐准备。

(2) 做好卫生工作。

(3) 按要求摆好餐台。

(4) 再次整理仪容仪表，恭迎客人光临。

2. 餐前服务

(1) 客人入座后，值台服务员首先向客人介绍几款鸡尾酒和餐前酒，如果客人不要鸡尾酒，应推荐其他饮料。

(2) 从客人的右侧为客人上鸡尾酒或饮料。

(3) 主动为客人介绍餐厅当日特选菜肴。

(4) 当客人看过菜单有意向点菜时，服务员应上前为客人点菜。记录客人所要点的菜肴，适时推销酒水。推销时要注意菜肴与酒水的搭配。向客人复述一遍所点菜肴及酒水品种，以便客人确认。

(5) 客人点完菜后根据客人所点菜肴收取或添加餐具。

3. 席间服务

(1) 席间上菜的顺序：头盘、汤、沙拉、主菜、甜点、咖啡或茶。

（2）上菜遵循先女后男、先宾后主的原则。

（3）上菜的方式由餐厅规定，具体方式及服务结合有关西餐服务方式的内容进行。

（4）根据客人进餐速度灵活掌握上菜的时间。

（5）上菜时要核对菜名和台号是否相符，上菜要报菜名，并祝客人用餐愉快。

（6）要勤巡台，及时为客人添加酒水、黄油、面包并收撤空酒杯。

（7）撤甜点盘后，推销餐后酒。

（8）服务迅速敏捷，细致周到。

4. 结账服务

（1）提前准备好账单，检查无误，按结账程序和规范进行操作。

（2）如果客人分单结账，要迅速准确。

（3）询问客人的用餐满意度并感谢客人。

5. 送客服务

当客人结账完毕，服务员应再次对客人表示感谢，欢迎客人再次光临。

6. 清理台面，重新铺台

当客人离开后，值台服务员应该迅速整理餐台，准备迎接下一桌客人的光临，注意操作要轻，避免影响其他客人。

六、客房送餐服务

客房送餐服务是餐饮服务的一个重要组成部分，其目的是为住在酒店客房内的客人提供迅速、灵巧、方便的 24 小时餐饮服务。

（一）客房送餐服务的概念

客房送餐服务是酒店为方便客人、增加收入、体现酒店服务水准而提供的服务项目。客房送餐部通常为餐饮部下属的一个独立部门，一般提供全天 24h 或不少于 18 小时的服务。服务内容有早餐、午餐、下午茶、晚餐、夜宵、点心、水果、各种饮料、房内酒会等。客房送餐部通常由电话预订组和送餐组组成，负责将客人预订的食品、饮料等送到客人房间并提供用餐服务。

客人预订客房送餐方式主要有两种：一种是客房里的早餐门把手菜单预订，客人根据自己的需要在门把手菜单上直接点菜，客房送餐服务员在指定的时间内收集订菜单；二是客人通过电话预订，临时通知客房送餐部送食品、饮料进客房。无论采取哪种方式送餐，服务员必须保证准时、准确无误地将客人所点的食品、饮料送入客人房间，并以热情、有效的服务使客人满意。

（二）客房送餐服务的内容

1. 饮料服务

（1）冷饮料服务。冷饮料包括汽水、果汁等。客人在房间点冷饮料时，客房送餐服务员要将冷饮料和杯具送到客人房内并将饮料倒入杯中。

（2）热饮料服务。热饮料包括咖啡、茶、牛奶等。客人在房间点热饮料时，客房送餐服务员必须将方糖、袋糖、茶匙、垫盘一同备齐后与热饮料一道送至客人房间。在端送时，应越快越好，以保持其温度。

（3）酒类服务。酒类包括开胃酒、烈性酒、葡萄酒、香槟酒等。对重要的客人要在客房内配备酒水车。

2. 食品服务

（1）早餐服务。客房送餐部主要为客人提供欧陆式、英式、美式和零点式早餐。

（2）午餐、晚餐服务。提供烹调较为简单、快捷的西餐和中餐。

（3）点心服务。提供甜点和水果等。

3. 客房送餐服务程序

客房送餐服务形式不同于一般的餐厅服务，大多数是客人电话订餐或通过门把手菜单的形式来要求餐饮部提供餐饮服务。由于绝大多数客人订餐是通过电话与服务员进行沟通，这比在餐厅面对面服务增加了难度。

（1）客房送餐的预订

①客房送餐预订的要求

第一，认真对待客人预订的每个细节。

第二，迅速将客人预订的食品、酒水在规定时间内送至客房。

第三，送餐服务中服务要熟练且有礼貌。

第四，使用保温设备时要执行安全规定。

第五，既要保证食品质量，又要保证食品温度符合要求。

第六，餐具要及时撤走。

客房送餐服务要做到以上几点，就必须建立相应的服务程序。

②客房送餐预订操作程序与标准

第一，接受订餐。接受客房送餐电话预订时，铃响不得超过三声，铃响三声以内，迅速拿起电话，敬语问候“您好，客房送餐，请问您需要什么?”语调亲切、自然。使用礼貌用语，吐字清晰。问清客人姓名、人数、订餐内容、送餐时间，以及其他特殊要求。

第二，介绍推荐。向客人推荐餐厅特色菜和饮料，做好推销工作。重复客人具体要求和订餐内容，并获得客人确认。

第三，达成要求。向客人表示感谢，告诉客人等候时间并礼貌道别。迅速填写好订单并将订单交给送餐员。详细认真填写好客房送餐预订记录簿。客房送餐预订记录簿见表3—1。

表3—1 客房送餐预订记录簿

年 月 日

房号	客人姓名	账单	接受预订时间	提供食品时间	订单内容	送餐时间	送餐员	收餐具时间	订餐员	备注

(2) 客房送餐服务操作程序与标准

①送餐前准备

第一，接到订单后，根据时间要求及时将订单送至厨房或酒吧。

第二，根据订单内容，准备餐车或托盘。

第三，准备餐巾、餐具、用具等。

第四，准备好账单及签字用笔。

第五，点燃用于保温的石蜡。

第六，从厨房或酒吧取食品或饮料。

②送餐时

第一，按规定路线走到客房门口，确保食品安全。

第二，确认客人的房号准确无误后，有节奏地敲门或按门铃，然后说："您好，客房送餐员。"

第三，待客人开门后，礼貌地说："您好，我可以进来吗?"

第四，得到客人的允许后，进入客房，并面带微笑地说："对不起，让您久等了，这是您订的早餐（午餐/晚餐)，请用餐!"

第五，征询客人的意见后，迅速将餐台布置好。

第六，将账单用双手递给客人，请客人签字，然后说："谢谢，还需要我为您做什么吗?"

③送餐结束

第一，在客人说"没有了"后，热情地对客人说："请慢用。"离开客房时，应面朝客人退三步，然后转身，出房时将门轻轻地关上。

第二，按规定路线迅速返回。

第三，账单立即交收银台结清，然后在客房送餐预订记录簿上签字。

4. 客房收餐程序

(1) 敲门征得客人同意后，方可进入房间。若客人不在房间，应找楼层服务员一起进入客房收餐；若门上挂有"请勿打扰"，应告诉楼层服务员此房间未收餐具，由楼层服务员去收。

（2）收餐完毕离开客房后应走员工通道。

（3）做好所收餐具的记录工作。

（4）清洁工作车，更换脏布件。

（5）领取物品，做好再次送餐的准备工作。

（三）客房送餐服务的注意事项

（1）铃响三声内接听电话。

（2）重复客人点菜内容。

（3）与客人确认用餐人数、房号，以及有无忌口菜品。

（4）菜单设计充分考虑到菜肴的烹饪时间，一般烹饪时间较长的菜肴不列入菜单；由于送餐路径较长，一般容易变色或改变口味的菜肴应避免列入菜单。

（5）送餐菜单必须使用中英文对照，对客源结构比较特殊的酒店，在外文翻译上应予以特殊处理。

（6）菜单上要明确标注供餐时间及相应的提醒性说明。

（7）送餐要及时。在接受客人预订时，预订员应告知客人需等候的时间。菜肴制作完成后应立即送至客人房间。

（8）送餐前要认真检查核对菜肴品种、数量是否与订单相符合，餐具、用具、调味品是否齐全。点燃餐车上的保温灯，确保菜品温度。

（9）送账单时要双手奉上。客人签过的账单应及时送至收银台销单，以免丢失。

（10）凡接受客人现金结账的，应当面点清钱款，并及时送交收银台结清。

（11）早餐 30min、午餐和晚餐 60min 后打电话征询客人是否收餐，以减少餐具的流失。将带回的餐具放洗碗间清洗。晚上 9 时以后不能收餐，以免打扰客人，次日由专门收餐人员负责收回。应注意加强和客房的沟通和联系，请其协助回收餐具。

第四章　菜单管理

第一节　认识菜单

一、菜单的定义和作用

（一）菜单的定义

菜单是餐厅提供给顾客使用的餐厅产品的一览表。餐厅把企业提供的不同口味的食品、饮料经过科学的排列和组合后印制于专门的纸张上，以供顾客从中进行选择。菜单的内容主要包括食品和饮料的种类和价格。菜单是餐厅提供的商品目录和介绍书，它既是餐厅的消费指南，也是餐厅向顾客介绍自身特色的重要名片。

广义的菜单包括饮料单、餐酒单、点心单等。饮料单是餐厅所辖的各营业点向顾客提供的有酒水信息内容的书面清单。饮料单上的产品品种通常有各种酒类，如白兰地、威士忌、葡萄酒、啤酒等；软饮料类，如果汁、汽水、矿泉水、苏打水等；混合饮料类，如鸡尾酒等。餐酒单主要用于西餐厅，一般用葡萄酒佐餐。点心单在广东的茶餐厅较为常见。

（二）菜单的作用

菜单是餐厅经营管理活动的起点。餐厅的销售从菜单开始，顾客的消费从菜单出发，餐厅要想在激烈的市场竞争环境中获得一席之地，首先应该对客源市场、竞争环境进行分析，从而设计出迎合目标市场的菜单，并由菜单指导餐厅的营业过程。

1. 菜单在餐饮经营方面的作用

（1）菜单是餐饮企业和顾客直接沟通的工具

菜单是餐饮经营者向顾客推出的菜点目录，餐饮企业通过菜单向顾客介绍企业产品，推销餐饮服务；顾客通过菜单了解餐厅的类别、特色、产品和价格，选择自己所喜欢的餐饮产品和服务。

（2）菜单是餐饮管理的依据

菜单是管理人员分析菜肴销售状况的基础资料。管理人员定期对菜单上每道菜肴的销售状况、顾客喜爱程度、顾客对菜肴价格的敏感程度进行调查和分析，从而发现菜肴生产计划、菜肴烹调技术、菜肴定价和菜肴选择方面的问题，据此更换菜肴品种、改进生产计划和烹调技术、改善菜肴的促销方案和定价方法。

（3）菜单是餐饮促销的重要载体

餐饮企业不仅可利用菜单为顾客提供信息，而且还可以通过菜单的艺术设计衬托餐厅的形象。菜单上不仅配有文字，还配有图画、图案，套有色彩，附有食品和菜肴的图例。一份设计美观、艺术化的菜单，能给人以感性的认识和对味觉的刺激。另外，菜单上内容的合理编排，菜肴和餐具图片的刻意呈现会激起就餐者的食欲和影响顾客对菜肴的选择，能促进重点菜肴的销售。餐饮企业可以将菜单制作成各种漂亮精致的宣传品，陈列在潜在顾客易见之处，可以在街头向过路客散发，也可以刊登在报刊上或直接邮寄给潜在顾客，以进行各种有效的推销。

（4）菜单决定餐饮企业的档次和风格

不同档次的餐厅，其菜单提供的产品是不一样的，因此菜单是餐饮企业的“名片”。顾客可以通过浏览菜单上菜品的种类、价格、菜品成品照片，以及菜单的排版设计、菜单制作材质、菜单风格来判断出餐厅的风格和档次。因此，制作有特色和精美的菜单也是给顾客留下良好印象的重要渠道。

（5）菜单决定餐厅提供的膳食营养

当今社会，人们的工作节奏不断加快、生活压力不断加大，追求健康生活的人越来越多，社会交往面的扩大，也使得人们外出就餐的机会增多，因此，为顾客提供健康营养的膳食也应该是餐饮企业重点关注的问题。现在人们去餐厅就餐，除了填饱肚子，追求菜品的色、香、味、形，感受餐厅就餐氛围外，对营养的要求也越来越高。如药膳火锅、滋补汤锅的热卖就是顾客对食品营养追求的结果。

2. 菜单在餐饮管理方面的作用

（1）菜单影响食品原料的采购与储存

菜单的类型决定了食品原料采购和储存的对象，决定了采购的渠道、时间、程序、方法，决定了原材料储存的周期、标准和要求。特别是对于使用固定菜单的餐厅来讲，由于餐厅菜品在一定时期内相对固定不变，因此原材料的品质规格也基本固定不变，这使得餐饮企业在采购和储存的过程中能保持相对稳定的货源、质量标准、储存周期和方法。如果采用循环菜单，则相应的采购活动和储存管理也变得繁琐和复杂。

（2）菜单是餐饮企业选择餐饮设施设备的依据和指南

餐厅需购置的炊具和餐具的种类、规格、材质和数量，都取决于餐厅的菜品品种、品质和特色。例如，火锅店需使用各式锅；烹制地道牛排要使用扒炉；制作北京烤鸭要使用挂炉；提供虾蟹类菜品需配备叉、钳；上手撕菜品要配备手套；上鱼最好用椭圆形盘；等等。每道菜品都有与之匹配的烹饪加工设备和餐具。餐厅提供给顾客的菜品品种越丰富，所需的烹饪设备就越多；餐厅出品的菜品原料选材越珍贵、营养价值越高、制作方法越独特，所需的设施和餐具也就越高端、越特殊。总而言之，菜单决定了餐厅后厨和前台使用设施设备的数量、性能、规格、档次等，因此在一定程度上决定了餐饮企业的设备成本。

（3）菜单决定了餐饮成本的高低

菜单中用料珍稀、原料价格昂贵的菜品越多，食品原料成本越高。高端菜品的制作工艺相对更复杂，需要更高技术水平的厨房工作人员来完成，这也进一步增加了企业的劳动力成本。

（4）菜单决定了对服务要求的高低

豪华餐厅研制的菜品多为高档的、高价位的，因此其相应的服务规格和要求也比一般餐厅要高。餐厅在配备员工的时候，应按照菜单的要求，选择具备相应能力水平的工作人员。

二、菜单的种类

（一）根据菜单的价格形式分类

1. 零点菜单

零点菜单指每道菜都单独标价的菜单。零点菜单是餐厅中使用最广泛的菜单形式。这种菜单具有菜品种类多、顾客选择余地大的特点，可以满足顾客差异化的用餐需求。无论是中式餐厅、西式餐厅，还是早餐厅、夜宵餐厅，都可以使用零点菜单。无论在社会餐馆还是旅游饭店的餐厅，都可以看到零点菜单的频繁出现。

2. 套餐菜单

套餐菜单指在一个价格下所包括的是整套餐饮产品的菜单。套餐菜单可以是为团体客人提供的餐饮，也可以是为单个客人提供的整套食品。餐厅通常为旅行团队、会议团队和宴会设计套菜菜单；中西式快餐店则多为单独进餐的客人进行营养搭配，提供套餐食品菜单。

3. 混合式菜单

混合式菜单融合了零点菜单和套餐菜单的长处，是二者的结合，即将一部分菜品以套餐形式进行组合，另一部分菜品以零点形式出现。

（二）根据菜单的使用时间长短分类

1. 固定性菜单

固定性菜单指菜品内容标准化，不做经常性调整的菜单。固定性菜单常用于顾客流动性较大的参观或旅游饭店，其内容一般包括传统名菜、独创菜品、招牌菜品等。由于菜品相对固定，在原材料的采购和存储、菜品的制作、质量和成本控制等方面可以按照标准化、规范化的程序进行操作，因此便于管理和检查，容易形成品牌效应。缺点是难以满足顾客口味变化的需求，不易吸引和留住回头客，菜品的价格调整也难以操作。为了解决这些问题，餐厅应增加一些特色菜、厨师推荐菜、时令菜的活页插在固定菜单中，以满足顾客多变的饮食需求。

2. 变动性菜单

变动性菜单指根据烹饪原材料的供应情况和价格变化、客源等因素来设计的菜单，具有时间短、变化快、品种新的特点，很容易吸引顾客消费。缺点是由于菜品变化频繁，只有对厨房工作者及时进行培训，使其掌握每道菜品的制作要领，才能保证菜品在色、香、味、形等方面达到设计的要求，满足顾客的口味。

3. 循环性菜单

循环性菜单又称周期性菜单，指菜品品种在一定时间内周期循环的菜单。这种菜单适用于企事业单位的餐厅，以及会议、宴会、团队等用餐形式。餐厅按预定的周期制定数套菜单并轮换使用，当整套菜单全部使用完毕后，则结束了一个周期。餐厅也可以根据季节、价格水平来设计周期性菜单。这种菜单的优点是菜品每天翻新、丰富多彩，顾客和员工都不会感到单调；缺点是采购麻烦，库存品种增加，剩余的食物不便于利用，会造成成本的增加。

（三）根据菜单的实物形式分类

1. 印页式菜单

印页式菜单是最常见的菜单形式，它具有制作精美、使用周期长、制作成本高的特点，也是一个餐厅档次和形象的表现之一。印页菜单是展示餐厅菜品的一本平面设计作品。

2. 台卡式菜单

台卡式菜单指插在餐桌桌号牌上的临时性菜单，这种菜单是对印页式菜单的一种补充，主要销售定期更换的菜品。其最大的特点是灵活、周期短、制作成本低。

3. POP 菜单

POP（Point of Purchase，卖点广告）是商业销售中的一种店头促销工具，以摆设在店里的展示物为主，如海报、大招牌、旗帜、实物模型等，表现形式夸张，色彩强烈，主要是为了刺激和引导消费，是一种低价高效的广告方式。餐厅也可以用POP菜单，以海报形式来呈现促销期间提供的菜品特点和价格。

4．电子菜单

随着信息技术的不断发展，电子菜单在餐厅中的应用也越来越广泛。这种菜单的最初使用方式是在顾客餐桌旁装置一台触摸显示屏，顾客通过点击屏幕上显示的菜品进行点菜，然后将电子菜单直接发送给厨师。随着平板电脑的不断普及，平板和微信二维码点菜单被更多的餐厅采纳，这种菜单的使用方式更环保、更先进，可以结合餐饮管理系统软件来进行点菜管理。

（四）根据菜单的使用对象分类

1．儿童菜单

这是根据儿童的年龄特点、兴趣爱好、营养要求等因素设计的菜单。儿童菜单的特点是图文并茂、色彩鲜明、字体活泼、字号偏大，吸引儿童并方便他们阅读。儿童菜单中菜品的口味应该偏温和、少刺激，菜品分量适当减少，价格适当降低。

2．情侣菜单

这是为情侣客人专门设计的菜单，主要应用于情侣主题餐厅，以营造温馨，浪漫的氛围。情侣菜单中菜品的名称、造型和口味都要符合年轻人的特点，菜单设计要注重浪漫气息，讲究美感。

3．老年菜单

迎合老年人追求长寿和健康饮食的心理，餐厅可以为老年人专门设计老年菜单。这类菜单要准确计算菜品的热量，做到少油、少糖、少盐，荤素搭配、粗细搭配、营养搭配，让老年人放心享用。

4．宴会菜单

宴请的类型有多种形式，有公务宴、婚宴、生日宴、寿宴、谢师宴等，都需要不同的菜单。宴会菜单讲究外形美观、做工精细，通常价格也比较高。一般情况下餐厅会按不同的费用档次设计几套菜单供客人选择，菜品可以根据客人的要求更换。宴会菜单要反映宴会的特色，如婚宴菜单要讲究体面和喜庆，生日宴菜单要有生日蛋糕、寿面等食品。

5. 自助餐菜单

自助餐主要根据目标顾客所喜欢的菜品类别，预计客人数量，提供相应数量的多种类的菜品供客人自由选择。一般来说，自助餐菜单选用的菜品类别有凉菜，各种炖、炸、炒的鱼、肉、家禽、蔬菜等热菜，各色蛋糕、面点或其他甜食，主食，水果等。

6. 客房送餐菜单

客房送餐菜单主要是为住店客人提供的菜单。客房送餐菜单通常包括早餐菜单、全日菜单和饮品。为便于客人订餐，许多酒店将早餐菜单设计成宜于挂在门把上的卡片。

另外，还可以根据餐别分类，分为中餐菜单和西餐菜单；根据餐饮产品的品种分类，分为菜单、饮料单和餐酒单；根据就餐时间的不同分类，分为早餐菜单、正餐菜单和夜宵菜单；根据服务地点的不同分类，分为餐厅菜单、酒吧菜单和楼面菜单等。

三、菜单的内容

菜单的基本作用是告诉顾客餐厅能为他们提供的菜品和饮料，并说明其价格和做法，以帮助顾客做出点餐决定。因此一份精美翔实的菜单应该包括菜单封面，菜品名称、质量和价格，菜品介绍，告示性信息，特殊推销菜品等。

（一）菜单封面

菜单封面是一张简单的“门脸”，是顾客最先接触的部分之一。一份设计精美的菜单，可以成为餐厅醒目的标志，促进菜品的销售。封面的图案和色彩要能展现餐厅的特色，给人以美食的联想，让顾客看到菜单的封面、触摸到菜单的材质就知道餐厅的整体经营风格。例如，新派菜品餐厅的封面应该有时代气息；提供传统菜品的古典餐厅的菜单封面要古色古香，充分体现出怀旧情绪，如此才能与餐厅的整体环境达到互相映衬的效果。

（二）菜品名称、质量和价格

1. 菜品名称

菜品名称要真实、顺口，不能太离奇。一些传统名菜和经典菜品为了保持菜品的传承，可以使用传统的菜名，如川菜中的“麻婆豆腐”、淮扬菜中的“狮子头”、鲁菜中的“九转大肠”等。在翻译成外文的菜单中，要保证翻译的菜名准确，否则会让外宾感到疑惑，从而影响销售。

2. 菜点质量

菜品成品的规格、原料的质量要与菜单的介绍相一致。原料的新鲜程度要有保障，产地要真实，不能以国产替代进口；菜单的分量要有保证，大、中、小份该有的量要把控好。

3. 菜品价格

菜单上菜品的价格应该非常明确。有些菜品是按成品一份份地出售，有些菜品是按主要食材的价格按实际重量进行计价，这些不同菜品的计价方式，在菜单上都应该清晰地表明。如果要加收服务费、开瓶费等除菜品本身之外的费用，一定要在菜单上进行说明。

标明的菜品价格如果有变动要做出相应的处理，如果一些季节性比较强的食材原料价格波动较大，会影响餐厅成品菜的售价，为了避免经常修改菜单上的价格，可以不标明该菜品的具体售价，而用“时令价”代替。

（三）菜品介绍

可以在菜单上重点介绍某些菜品，帮助顾客挑选菜品，节省点菜时间。菜品介绍见表4—1。

表4—1　菜品介绍

介绍项目	介绍内容	主要介绍方法
菜品制作	对菜品独特的制作和烹饪方法、主料和配料进行说明	文字
菜品口味	对菜品的特殊口味进行说明	文字、图片
菜品分量	表明每道菜品的规格	大、中、小份，多少克
烹饪时间	对加工时间长的菜品进行提示	文字说明

（四）告示性信息

告示性信息主要是向顾客表明餐厅的一些特点和公开信息，方便顾客把握餐厅提供的菜品特点和明确餐厅的一些服务信息。菜单的告示性信息包括以下内容。

（1）餐厅的名字。通常安排在封面上。

（2）餐厅的特色风味。如果餐厅具有某些特色风味而餐厅名称又反映不出来，最好在菜单封面、餐厅名称下列出其风味。

（3）餐厅的地址、电话和商标记号。这些信息一般列在菜单的封底下方。有些菜单还附有简易地图，列出该餐厅在城市中的地理位置。

（4）餐厅的营业时间。一般列在封面或封底。

（5）餐厅加收的费用。如果餐厅加收服务费，要在菜单的内页上注明，如所有价目均加收15%的服务费。

（五）特殊推销菜品

许多中、大型餐厅都能提供上百种的菜品，如何给顾客推荐一些餐厅流行的、特别受顾客欢迎的以及经典的菜品，是在菜单设计的时候必须考虑的问题。餐厅愿意拿来作特殊推销的菜品通常有两类：一类是能代表餐厅特色的使餐厅扬名的菜品；另一类是餐厅愿意多销售的菜品。第一类菜品通常的售价不能太高，口味要独特，能代表餐厅的产品制作水准，让顾客容易记住；第二类菜品通常是价格高、毛利大或容易烹调的菜品。

特殊推销的菜品可以出现在菜单的前面几页，或者在菜单中编排更大的空间展示这些菜品的图片，也可以在菜单中用粗体字、大号字或特殊字体来凸显，还可以用单页印制、制作台卡式菜单、POP菜单的方式来列出这些特殊推荐的菜品。

第二节　菜单的设计与制作

菜单的设计是一项知识性、技术性、艺术性很强的系统工作，必须在满足顾客需求的前提下，在对各种菜品的特点、标准、销售对象、竞争对手、厨房设备条件、技术力量、原料的供求情况、餐厅成本费用等综合考量的基础上进行菜单的设计工作。

一、菜单设计的原则

菜单设计既要有一定的灵活性，又要遵循一些基本的原则。

（一）适应市场，满足需求

菜单设计是餐厅经营活动的重要一环，进行菜单设计是为了完整地向顾客介绍餐厅的产品，并通过菜单向顾客销售这些产品。因此，在菜单筹划前，一定要确立目标市场，确定目标客源，了解他们的口味、喜好，然后有针对性地设计。只有这样，菜单才能方便顾客阅读和选择，才能具有吸引力。同时，在进行菜单设计时，还应对本餐厅的人力、物力和财力有所了解，对自己的技术、市场供应情况做到心中有数，以筹划出适合本餐厅的菜单，确保获得较高的销售额和毛利率。

（二）树立形象，体现特色

餐饮市场的竞争日趋激烈，在竞争中取胜的关键就是要为顾客提供让他们满意而又有别于其他经营者的餐饮产品，从而在顾客心目中树立鲜明独特的形象。树立良好形象要求经营者分析企业所提供的餐饮产品的特色，充分把握本企业与竞争对手之间的优劣势，在竞争中建立起良好的并能够被消费者接受的市场形象，真正让顾客能够在本企业消费时得到实惠。同时，根据企业市场形象，经营者应当结合餐厅的经营方针来决定提供什么样的菜单，如是西式还是中式，是大众化菜单还是地方风味菜单。

（三）灵活多样，推陈出新

菜单设计要灵活，注意各种菜肴花色品种的搭配。不同餐厅菜单上的品种有明显的区别。但是，不管采用何种菜单形式，除了正常的供应品种外，必须留有余地，以便用于每日特选、每周特选菜肴的推销；应将常年菜、季节菜、时令菜和特别推销的菜肴结合起来，以满足各层次顾客的不同需求。同时，菜单设计还需充分考虑顾客需求的变化，定期调整，花色品种要不断更新，使顾客有新鲜感。

(四) 讲究艺术，尽善尽美

一份好的菜单既是一件宣传品，又是一件艺术品。设计菜单时要从艺术的角度对其形式、色彩、字体、版面进行艺术设计，既要方便顾客阅读，又要起到美化餐厅的作用。菜单设计的艺术美体现在以下几个方面。

1. 风格一致

菜单的设计风格必须适合餐厅的整体风格，包括经营风格、装修风格、家具风格和菜肴风格等。

2. 印制精美

菜单在餐厅整体装修中起到画龙点睛的作用，它是餐厅档次的象征、质量的保证。印刷必须精美，破旧、肮脏的菜单会影响顾客的食欲，破坏餐厅的形象。

3. 创意独特

菜单的艺术美还表现在菜单造型的独具特色、不落俗套。构思奇妙、蕴意深刻的菜单能使人过目难忘，不仅能起到很好的宣传作用，而且还会被顾客当作艺术品来欣赏。

总之，设计菜单时只有遵循上述原则，才能使它真正成为餐厅的宣传工具、促销工具，成为餐厅最得力的“推销员”。

二、菜品的选择

(一) 菜品选择的依据

1. 顾客的需求是基础

不论是高档酒店内的高级餐厅还是繁华社区内的风味小餐馆，在设计菜单的时候，都应该考虑消费对象的需求。只有了解顾客的饮食习惯、口味特点、特殊需求和消费心理，才能设计出一份让顾客满意的菜单。

每个餐厅所处的位置不同，档次、规模、经营风格和技术水平不同，餐厅所服务的顾客对象也是各不相同的。由于地域生活习惯不同，顾客有着不同的口味。另外，顾客就餐目的不同，对菜品的需求也会有所区别。因此，菜单设计必须根据顾客的不同需求而进行变化，不断收集顾客消费资料，建立顾客消费档案，整理、统计和分析，有针对性地为顾客设计一份优质菜单。

2. 突出经营特色是重点

餐厅应该根据自己的经营目标、方针来确定供应什么样的菜品，如是中式菜品还是西式菜品，是大众化菜品还是特色风味菜品。菜单设计者要将本餐厅的装潢和服务特色、菜品的口味特色有效地融入菜单的设计中。菜单的形象要与餐厅的形象一致。

总之，要根据餐饮企业自身的特点，挖掘特色菜、风味菜，做到“人无我有、人有我精”，从而在激烈的市场竞争中站稳脚跟。

3. 烹调能力是保障

（1）设施设备水平

厨房的设施设备情况直接决定了菜单上可以有哪些菜品，也关系到菜单的使用效果。例如，后厨只有一个烤箱，但在菜单中设计了很多需要烤制的菜品，制作这些菜品就会耗费更多的时间，如果客人点了菜单上的烤制菜品，结果等了很久都没能品尝到，就会使客人产生不满情绪。现在一些新型厨房设备的出现，可代替部分人工，使厨房的出品质量和时间都有所提升。因此在菜单的设计中，一定要考虑到厨房设备的生产能力。

（2）员工的技术水平

①后台生产员工的技术水平。在设计菜单的时候要考虑整个厨师团队的专业技术水平。如果厨房的员工人数配备偏少，而在设计菜单的时候菜品品种过多、制作难度大、工艺复杂，就会造成后厨已经忙翻天，但是客人还在饿着肚子的后果。或者是厨师本身学粤菜制作，但在菜单

中却列出了较多的其他菜系的菜品，就会使出品的菜品口味不地道、不正宗，餐厅的服务水准也难以得到客人的认可。因此，在设计菜单的时候，必须和餐厅总厨一起，对餐饮产品制作人员进行分析，包括年龄、性别、受教育程度、餐系等情况。

②前台服务人员的技术水平。前台服务人员的服务水平也是影响餐厅菜品服务质量的重要因素，因此，除了要掌握厨房人员的工作水平和生产效率外，经营管理者也要提高前台服务员的服务水平。对前台服务人员的分析重点应该放在年龄、性别、外貌、服务态度、服务技能与技巧等方面。

4. 客观因素是参考

(1) 竞争环境

在设计菜单的时候，不能只考虑企业自身的特点，对餐饮消费市场环境的分析也是非常重要的。统计数据的变化会反映出餐饮的消费需求。在企业所处的街区附近是否有同类企业，以及竞争对手的经营状况、出品特色也是在制定菜单时的重要参考条件。

(2) 原材料保障

原材料供应链条的完善，决定了原材料采购的周期、价格。特别是一些特殊菜品、高端菜品，原材料的供应情况在很大程度上决定了他们的品质和价格。因此，如何在众多的原料供应商中挑选到最适合本餐厅定位的供应商，是在餐厅筹划设计菜单时重点考虑的问题。

5. 保持创新是关键

市场竞争日益激烈，餐饮市场的竞争尤为激烈。因此，即便是一些具有优秀历史传统和风味特色的“百年老店”，也要根据竞争对手和食客的不断变化而改变。其中改变的重要部分就是菜单的内容，菜品的种类和特色要不断优化，菜单的制作要更精良或更具特色，要做到传统菜到位、创新菜出名、看家菜规范、时令菜及时、地方菜特色，使顾客感到菜品有变化、有创意。只有不断制造新鲜感，餐厅经营才有生命力。

（二）菜品的品种数量与搭配

设计菜单时，要掌握各种餐别对菜品品种数量和搭配上的不同要求。由于餐厅规模、各地风俗习惯与饮食习惯不同，菜单中的菜品品种数量也有很大的差异。一般来说，高档品种应占菜单品种总数的10%～20%，中档品种占30%～40%，其余的为低档。

1. 各类菜单的品种数量选择

（1）零点菜单的菜品品种选择。

零点菜单的菜品品种数量比其他形式的菜单品种数量要多。

中式零点菜单分冷菜、热炒、大菜、蔬菜、点心、汤类、水果等大类，规模较大的餐厅的菜品数量为100～200种，以便顾客有自由选择的余地。一般冷菜类、热炒类和大菜类的数量要比其他类别多。而在以汤锅类为主的餐厅品种数量少一些，各种风味的锅底一般为5～20种，提供的汤食菜品为40～100种。为满足顾客的口味需求，还会增加一些凉菜和腌卤腊制品供顾客选择。

西式零点菜单分为前菜或开胃菜、汤类、鱼类、主菜类或肉类、冷菜或沙拉、点心类、饮料类7个大类，每个大类的品种为2～6种。所以菜单的更换周期比中式零点菜单要短。

（2）套餐菜单的品种比例

团体套餐菜单的品种主要根据用餐的标准和档次来决定菜品的数量和种类。一般的团体套餐的人均消费不高，在安排菜品的时候，一般冷菜为6～10种，荤素搭配比例约为3∶2或1∶1；热菜安排5～10种，荤素搭配比例约为3∶1或5∶2；点心一般安排2～4种。

（3）宴会菜单品种的比例

宴席因菜系不同，各地风土人情、饮食习惯不同，档次高低不同，品种的搭配比例有很大差别。

水果类：宴会中的水果一般为水果拼盘，将各式水果经厨师刀工处理后摆放成优美的形象供客人享用。在高档宴会中，水果也会由后厨分成小盘，每位客人一份，在正式开餐前享用。水果的品种一般以2～4种为宜。

冷菜类：宴会菜单的冷菜可用拼盘，为4～8种双拼或单拼，也可以用一个艺术拼盘（主盘）加4～10个围碟。

热炒类：宴会菜单的热炒一般为2～4种，主要为采用炒、爆、炸等烹调方式制成的菜品，要求菜品滑嫩脆爽，汁少味厚，便于饮酒食用。

大菜类：一般控制在4～8种，制作方法为烧、烩、炖、烤、焖等，菜品的原料一般为整只、整块、整条，盛器要大而精致。

素菜类：宴会的素菜一般为1～4种，采用的制作方法为炒、烩、扒等，原料以绿叶蔬菜、豆制品、各种根茎类蔬菜为主。

汤羹类：汤羹数量最多不超过2种。汤羹通常在素菜后上桌。也有的宴会根据就餐的对象，吸取了西式服务的方法，在冷菜食用后就上汤羹。

点心类：宴会菜单中一般提供2～4种点心，在宴会的最后阶段上桌。

2. 菜品的品种搭配

客人需求不同，对菜品的组合要求会有较大差异。餐饮经营者要研究每一份菜单的共性和规律，根据不同的菜单，在荤素搭配、菜品质量等方面做好组合。

(1) 荤素搭配

无论什么菜单，荤素搭配都是首先要注意的问题。植物性原料含有较多的维生素、纤维素、矿物质等营养成分；动物性原料含有较高的脂肪和蛋白质。如果长期偏食一种类型的原料会影响人体健康，还可能使人体酸碱度失去平衡，造成不舒服甚至生病。虽然客人并不是每天每餐都在某家餐厅用餐，但是一份荤素搭配、营养搭配合理的菜单，是餐饮经营者关心顾客健康、倡导健康饮食的体现。

(2) 菜品质量与售价匹配

菜品的质量和售价应该成正比，一方面取决于原材料的贵贱和成本的高低，另一方面取决于设计水平和烹调水平的高低。菜品的质量决定菜品的售价。原材料越贵的菜品，在菜品设计上更要注重细节，制作更要精良，具备鲜明的特色和口味，以标出合理的高价，使客人觉得物有所值。反之，售价低的菜品应选用普通原料，粗料细做、细料精做，保质保量。

(3) 菜品选择要突出季节性

在不同的季节，人的口味不一样。春季应设计偏酸性口味，以促使人体酸碱平衡；夏季适当安排苦味食品，以降温消暑；秋季偏辛辣，以增强防潮御寒能力；冬季则应以浓重口味为主。

在不同季节应选择不同烹饪方法。夏季多用清蒸、凉拌、冻制食品，让人感觉清爽；冬季可选用火锅、汤锅、砂锅和煲类菜品，给人以温暖之感。

此外，在选择菜品组合的时候还要综合考虑顾客消费心理、厨房设备、营养搭配、成本等因素。

(三) 菜名的设计

菜品名称直接影响就餐者点菜时的选择。菜单上的菜品名会使用餐客人在头脑中产生联想。顾客的满意度在很大程度上也取决于阅读菜单后对菜品产生的期望值。

1. 中式菜的菜名设计

中国餐饮文化博大精深、历史悠久，中国菜单的内容琳琅满目，配菜方法有很多种，形成了各种不同口味及富含地域特色的菜品，菜品名称设计也是各具特点。中式菜品的菜名设计见表4－2。

表4－2　中式菜的菜名设计

方法	方法说明	菜名举例
以人名命名	菜品因某人而流传后世	东坡肉、宫保鸡丁、麻婆豆腐
以地名命名	菜品具有地方特色和风味	北京烤鸭、台南担仔面、川北凉粉
以材料命名	以主料＋配料的名称来命名	青椒肉丝、腰果虾仁、干贝萝卜球
以形状命名	以食物的形状＋主菜来命名	枇杷虾、珍珠鱼、芙蓉豆腐
以色彩命名	用售卖的颜色或菜品呈现的色彩来命名	三色蛋、五彩虾仁、四色烧卖
以调味料命名	以调味的酱汁搭配主要的食材来命名	蒜泥白肉、酸辣汤、蜜汁火腿
以烹饪方法命名	按照食物的制作方法和技巧来命名	白灼基围虾、葱烧海参、凉拌海蜇
以盛放器皿命名	以盛放食物的用具来命名	砂锅豆腐、竹筒饭、铁板牛排
以吉祥用语命名	在喜庆或特殊场合，美化菜名，取吉祥之意	步步高升、金玉满堂、百鸟朝凤

2. 西式菜的菜名设计

西式菜一般都是写实型的命名，主要以食物的口味、产地、材料、颜色、烹调方法、供应温度来命名，见表 4－3。

表 4－3　西式菜的菜名设计

方法	菜名举例
以口味命名	Sweet-sour Pork（酸甜猪排）；Sour Apple Pie（酸味苹果派）；Barbecue Chicken（野味烧鸡）
以产地命名	French Omelet（法式蛋卷）；Swiss Steak（瑞士牛排）；Hawaiian Chicken Teriyaki（夏威夷鸡肉串）
以材料命名	Cheese Cake（乳酪蛋糕）；Seafood Salad（海鲜沙拉）；Cream Chicken Bainboo Shoot Soup（奶油鸡肉笋汤）
以颜色命名	Black Red Caviar（黑红鱼子酱）；Black Bean Soup（黑豆汤）
以烹调方法命名	Fried Chicken（炸鸡）；Baked Potato（烤马铃薯）；Scrambled Eggs（炒蛋）
以供应温度命名	Frozen Apple juice（冰冻苹果汁）；Hot Luo Song Broth（热罗宋肉汁浓汤）

三、菜单的制作

菜单是使用频率很高的餐饮产品信息媒介，是销售者与消费者之间的桥梁。在确定了餐厅的菜品计划之后，将菜单编排印制出来是餐厅的一项重要工作。菜单的制作要经过样式的确定、内容的编排、制作材料的选择、文字的设计等诸多环节。只有为顾客设计出一份技术与艺术相结合的菜单，才能使菜单的促销功能得以有效发挥。

（一）确定菜单的样式

菜单的样式多种多样，根据就餐形式、餐厅类别的不同，常见的菜单样式见表 4－4。

表 4—4　菜单的样式

菜单样式	菜单特点	适用对象
单页式	制作简单、成本低，多为一次性使用	快餐厅、咖啡厅、小吃部
折叠式	分对折和三折，设计精美，可以竖立在桌上，装饰效果强	西餐厅、宴会厅
书本式	封面硬朗漂亮、制作精美、图文并茂、内容丰富、排列有序	零点餐厅
活页式	可以根据季节和市场需求变化等因素及时调整菜单内容	零点餐厅
悬挂式	悬挂于门内把手，易于被客人发现、阅读和选用	酒店客房
艺术式	具有一定的艺术造型，如宫灯式、扇形、树状等	宴会

（二）编排菜单的内容

1. 中式菜单的编排

中式菜单的内容应根据顾客的就餐顺序和习惯来进行编排。

（1）按菜品的类别来编排，如冷菜类、炒菜类、大菜类、汤羹类、点心类、主食类等。

（2）按烹调方法来编排，如炒类、烤类、炖类、焖类等。

（3）按菜品的主料来编排，如山珍类、海味类、家禽类、家畜类、河鲜类、蔬菜类等。

（4）按推销方法来编排，如时令菜单、特选菜单等。

（5）按宴席的类别来编排，如生日菜单、婚宴菜单、美食节菜单、商务宴席菜单等，这类菜单要根据饮食对象、规格和要求，从水果、冷菜、热菜、汤到点心等形成一整套的菜单。

2. 西式菜单的编排

在西餐中，主菜的地位高，设计菜单时应该尽量将主菜安排在显要的位置，单页式菜单上的主菜应排列在菜单的中间位置，双页式菜单上的主菜位置在右边页的上半部，三页式菜单上的主菜最好安排在中页的中间，四页式菜单上的主菜安排在第二页和第三页。

3. 重点促销菜品的编排

重点促销菜品分为两类：一类是厨师拿手菜、餐厅特色菜和时令菜；另一类是由积压和滞销原料制成的特别推荐菜，是经营者希望消费者多多点食的菜品。消费者容易注意到同类菜品的第一个和最后一个，因此在编排菜单内容的时候，可以将重点促销菜品放在这些位置。对重点促销的菜品，可以在编排时留给它们更大的版面，使其在菜单中占据醒目位置，以获得客人的关注。

不同表现形式的菜单，其重点推销区域是不同的。如单页式菜单的上半部是重点推销区，而双页式菜单的右上角为重点推销区。

三页式菜单对菜品推销很有利，中间部分是顾客打开菜单时首先会注意的地方。使用三页式菜单，顾客首先注意正中位置，然后目光移至右上，接着移至左上角，再到左下角，最后回到正中。因而，中页的中部是最显眼之处，应放上餐厅最需要推销的菜肴。

另外，餐厅也可以将促销菜品做成活页式菜单或 POP 菜单，这样既能经常更换，也不影响原有菜单的整体安排和美观。一般是在印页式菜单中列出基本销售的产品，占品种数量的 70%～80%，剩下的 20%～30%做成活页式、台卡式或 POP 式。

（三）菜单制作的流程

菜单要反映餐厅的经营特色，体现餐厅的形象。制作精美的菜单会愉悦顾客的就餐情绪，营造和谐的就餐氛围。但在制作菜单时，也要考虑菜单的使用、更换频率带来的成本问题。总体而言，只有符合餐厅档次和风格的菜单，才是一份好菜单。

1. 制作材料的选择

菜单的使用是长期性还是一次性决定了菜单的制作材料。每日更换或一次性使用的菜单可印制在便宜、轻巧的纸张上，长期使用的菜单选择的纸张要厚实耐用。

菜单的封面如同餐厅的“门脸”，会给顾客留下深刻的印象。制作菜单封面时，要选用厚实耐用的材料，避免使用塑料来制作封面，这样显得档次低，有损餐厅的形象；绸类和绢料也应尽量避免，因餐厅油污多，这种材质比较容易污损，难以清理；漆纸和漆布容易发生龟裂，也要避免使用。

内页的材料一般选用质地精良、高克数的厚实纸张，要求纸张具有防污、防折和耐磨的性能。印页式菜单大多会选择使用铜版纸、哑粉纸或特种纸，要在纸张上涂塑薄膜，使其具有防水、防污的功能。选择纸张时还要考虑餐厅的档次和纸张的费用，以及纸张的稳定性、不透光性、光洁度等。

2．菜单尺寸的确定

菜单的开本尺寸大小和页数要方便顾客阅读。开本太大的菜单会使客人拿起来和翻页都比较费劲；开本太小的菜单有时会因篇幅不够使菜单内容显得拥挤。一般单页式菜单的尺寸是30cm×40cm；双页式菜单的尺寸是25cm×35cm；三页式菜单合上时，尺寸以20cm×35cm为宜。

3．菜单封面与封底设计

菜单的封面与封底是菜单的“门面”，在整体上影响着菜单的效果，所以在设计封面与封底时要注意以下四项要求：

（1）菜单的封面代表着餐厅的形象，因此菜单必须反映出餐厅的经营特色、餐厅的风格和餐厅的等级等特点。

（2）菜单封面的颜色应当与餐厅内部环境的颜色相协调，这样当顾客在餐厅点菜时，菜单可以作为餐厅的点缀品。

（3）餐厅的名称一定要设计在菜单的封面上，并且要有特色，一方面可以加深顾客的印象，另一方面可以树立餐厅的形象。

（4）菜单的封底应当印有餐厅的地址、电话号码、营业时间及其他的营业信息。

4．菜单的文字设计

菜单作为餐厅与顾客沟通交流的桥梁，其信息主要是通过文字向顾客传递的，所以文字的设计相当重要。

一般情况下，好的菜单文字介绍应该做到描述详尽，而不能只是列出菜品的名称和价格。如果把菜单与杂志广告相比，其文字撰写的耗时与费神程度并不亚于设计一篇精彩的广告词。菜单文字部分的设计主要包括食品名称、描述性介绍、餐厅声誉的宣传（包括优质服务、烹调技术等）三方面的内容。

此外，菜单文字字体的选择也很重要，菜单上的菜名一般用楷体书写，以阿拉伯数字排列、编号和标明价格。文字的印刷要端正，使顾客在餐厅的光线下很容易看清楚。

除非特殊要求，菜单要避免用外文来表示菜品。如果需要用外文，要根据标准词典的拼写法统一规范。

当然，菜单的标题和菜肴的说明可用不同的字体，以示区别。

5. 菜单的插图与色彩运用

为了增强菜单的艺术性和吸引力，往往会在封面和内页使用一些插图。使用图案时，一定要注意其色彩必须与餐厅的整体环境相协调。菜单中常见的插图主要有菜点的图案、名胜古迹、餐厅外貌、城市元素等。除此之外，几何图案、抽象图案等也经常作为插图使用，但这些图案要与餐厅的经营特色相协调。

色彩的运用也很重要。赏心悦目的色彩能使菜单更有吸引力，能反映出一家餐厅的风格和情调。菜单整体色彩的搭配和使用要与整个餐厅的色调相匹配，要与餐厅的整体环境相协调。以淡雅高贵的灰色、褐色、蓝色、米黄色等色调制作的菜单，点缀适当菜品的图片，会使人觉得餐厅很上档次。而快餐店的菜单可以使用鲜艳的大色块、五彩标题和插图。

第五章　宴会经营管理

第一节　宴会的基本介绍

一、宴会的含义与类别

（一）宴会的含义

宴会是人们为了一定的社会交往目的而举办的集饮食、社交、娱乐于一体的高级宴饮聚会。中国从古至今，对宴会有着不同的称呼：筵席、宴席、筵宴、酒宴、燕饮（古时宴与燕通用）、会饮、酒席、酒会、招待会和茶话会。称谓虽不同，但含义大体相同。

宴会一般要求格调高雅。在厅堂布置及台面上既要舒适、干净，又要突出隆重热烈的气氛。在菜点选配上有一定格式和质量要求，按一定的顺序和礼节递送上台，讲究色、香、味、形、器、质、名，注重菜式的季节性，用拼图及雕刻等形式烘托喜庆、热烈的气氛。在接待服务上强调周到细致，讲究礼节、礼貌，讲究服务技艺和服务规格。

（二）宴会的类别

1. 按规格划分

（1）国宴

国宴是国家领导人或政府首脑为国家庆典活动或为欢迎来访的外国元首、政府首脑而举行的正式宴会。这种宴会规格最高，庄严而又隆重。宴会厅内悬挂国旗，设乐队演奏国歌及席间乐，席间有致词或祝酒，代表性强，宾主均按身份排位就座，礼仪严格。国宴的形式包括庆典类宴会、迎送类宴会、接待类宴会、新春茶话会。

（2）正式宴会

正式宴会通常是政府和团体等有关部门为欢迎应邀来访的宴客，或来访的宾客为答谢主人而举行宴会。这种形式除不挂国旗、不演奏国歌，以及出席者规格低于国宴外，其余的安排大致与国宴相同。宾主同样按身份就座，礼仪要求也比较严格，席间一般都有致词或祝酒，有时也有乐队演奏席间乐。

（3）便宴

便宴多用于招待熟识的亲朋好友，是一种非正式宴会。这种宴会形式简便，规模较小，不拘严格的礼仪，不用排席位，不做正式致词或祝酒，宾主间较随便、亲切，用餐标准可高可低，适用于日常友好交往。

（4）家宴

家宴是在家中设便宴招待宾客的宴请形式。家宴不仅广泛适用于亲朋好友的聚会，也越来越多地用于官方宴请或公务往来活动。

2. 按餐型划分

（1）中式宴会

中式宴会是中国传统的聚餐形式，宴会遵循中国的饮食习惯，以饮中国酒、摆中式台面、用中式餐具、吃中式菜肴、遵从中式习俗、行中国传统礼仪为主，其装饰布局及服务等无不体现中国的饮食文化特色。历代著名的宴会有乡饮酒礼、百官宴、大婚宴、千叟宴、定鼎宴等。目前，中国传统宴会在宴会经营中占 90%以上。

（2）西式宴会

西式宴会是按照西方国家的礼仪习俗举办的宴会，其特点是遵循西方的饮食习惯，采取分食制，以西餐为主，用西式餐具，行西方礼节，遵从西方习俗，讲究酒水与菜肴的搭配，其布局、台面布置和服务都有鲜明的西方特色。由于举办宴会的目的、宴请的对象与人数不同，西式宴会的形式也有所不同，目前采用的形式主要有正式宴会、冷餐酒会和鸡尾酒会。

(3) 中西合璧宴会

中西式结合宴会取两种宴会之长，近年颇为流行，是中、西饮食文化交流的产物。如我国举行的大型冷餐宴会，一般用大圆桌设座椅，主宾席排座位，其余各席不固定座位，食品和饮料均事先备好放置桌上，宴会开始后由客人自助进餐。

(4) 鸡尾酒会

鸡尾酒会以供应鸡尾酒为主，附有各种小食，如三明治、小串烧、炸薯片等。鸡尾酒会一般在正式宴会之前举行。鸡尾酒会与冷餐会一样，都不需要排座次，宾客来去自由，不受约束，既可迟到又可早退。整个酒会气氛和谐热烈、轻松活泼。近年来，庆祝各种节日、欢迎代表团访问，以及各种开幕、闭幕典礼等，往往都采用鸡尾酒会的形式。

(5) 冷餐会

冷餐会是一种立餐形式的自助餐，不排座位，但有时设主宾席。冷餐会供应的食品以冷餐为主，兼有热菜。食品有中式、西式或中西结合式，分别以盘碟盛装，连同餐具陈设在菜台上，供宾客自取。酒水饮料则由服务员端至席间为顾客添满。由于冷餐会对宾主来说都很方便，特别是省去了排座次的步骤，消费标准可高可低，丰俭由人，参加人数可多可少，时间亦灵活，宾主间可以广泛交际，也可以与任何人自由交谈，拜会朋友。这种形式多为政府部门或企业、银行、贸易界举行人数众多的盛大庆祝会、欢迎会、开业典礼等活动所采用。

(6) 茶话会

茶话会也是一种简便的招待形式，多为社会团体单位举行纪念和庆祝活动所采用。会上备茶、点心和数种风味小吃。茶话会对茶叶、茶具的选择要有讲究。外国人一般备红茶、咖啡和冷饮。茶话会不排座次，但在入座时有意识地将主宾和主人安排在一起，其他人则随意入座，宾主共聚一堂，饮用茶点，亲切交谈，席间常安排一些短小的文艺节目助兴。

3. 按主题划分

(1) 婚宴

婚宴是人们在举行婚礼时，为宴请前来祝贺的宾朋和庆祝婚姻美满幸福而举办的喜庆宴会。婚宴主办者对饭店提出的要求很高，要求饭店提供精美的食品及较佳的服务。

(2) 生日宴会

生日宴会是人们为纪念出生日而举办的宴会，一般有小孩的满月宴、周岁宴及老年人的寿宴。

(3) 纪念宴会

纪念宴会是指为纪念某人、某事或某物而举办的宴会，要求有一种纪念的气氛，因此在宴会布置时有特殊要求。

(4) 商务宴会

商务宴会在宴会经营中占有一定比例。商务宴会是指各类企业和营利性机构或组织为了一定的商务目的而举行的宴会。商务宴会的消费水准以中等偏上为多。

4. 其他形式的划分

(1) 按照时间可以划分为早宴、午宴和晚宴。

(2) 按照规模可以划分为小型宴会、中型宴会和大型宴会。

(3) 按照价格可以划分为普通宴会、中档宴会和高档宴会。

(4) 按照礼仪可以划分为迎送宴、答谢宴。

(5) 按照菜品特征可以划分为仿古宴、风味宴、全类宴席、素食宴。

(6) 按照节日可以划分为迎春宴、除夕宴、中秋宴等。

二、宴会的特点与命名

(一) 宴会基本特点

1. 聚餐式

聚饮会食是宴会的形式特点。多人围坐而食，多席同室而设，在愉快的气氛中共同进餐。每桌有主宾、主人、陪客之分，全场又有席位（主席、二席……）之别。主人是东道主，宴会中的一切活动及安排由主人决定；主宾是宴会的中心人物，常安排在最显要的位置，宴饮中的一切活动都要围绕他而进行；陪客是主人请来陪伴客人的，有半个主人的身份，在奉酒敬菜、交谈交际、烘托宴会气氛、协助主人待客中起着积极作用。大家在同一时间、同一地点品尝同样的菜点，享受同样的服务，为了一个共同的主题而聚饮会食。

2. 规格化

规格化是宴会的内容特点。宴会不同于家常便饭、大众快餐、零餐点菜，要求宴会环境优美，礼仪秩序井然，席面设计考究，菜点组合协调，烹饪制作精良，餐具精致整齐，保持祥和、欢快、轻松的气氛，给人以美的享受。同时，还要考虑因时配菜、因需配菜，尊重宾主的民族习惯、宗教信仰、身体状况和嗜好忌讳等。

3. 社交性

社交性是宴会的功能特点。人们设宴皆有明显目的：国际交往、国家庆典、亲朋聚会、欢度佳节、红白喜事、饯行接风、酬谢恩情、疏通关系、乔迁置业、商业谈判等。人们相聚一堂，品佳肴美味，谈心中之事，增进了解，加深情谊，从而实现社交目的，这正是宴会长盛不衰、广受欢迎的一个重要原因。

4. 礼仪性

礼仪性是宴会的人际特点。“夫礼之初，始诸饮食。”宴会礼仪是赴宴者之间互相尊重的一种礼节仪式，也是人们出于交往目的而形成的为大家共同遵守的习俗。宴会礼仪内容广泛，如要求酒菜丰盛、仪典庄重、场面宏大、气氛热烈，讲究仪容修饰、衣冠整洁、表情谦恭、谈吐文雅、气氛融洽、相处真诚，以及餐厅布置、台面点缀、上菜程序、菜品命名、嘘寒问暖、尊老爱幼等。上至国宴，下到民宴，礼仪越是隆重，越能体现主人对来宾的尊重和欢迎。

（二）宴会的命名

宴会命名的名目繁多，内容丰富，寓意深刻，风格各异。宴会命名时要求突出主题，突出特色，体现内涵，具有文采。

1. 依据头菜原料命名

宴席头道主菜（又称台柱）原料体现了宴席的档次与价格。头菜要求用料名贵、烹制精美，头菜一旦确定，其他菜肴则可按需到位。如鱼翅宴、海参宴、乳猪宴等。

2. 依据原料大类命名

宴会的菜品选用同一大类原料，要求原料充足，品种较多，能烹调出不同风味的菜肴。如海鲜宴、湖鲜宴、野味宴、山珍宴等。

3. 依据主要用料命名

宴会菜品选用相同的原料为主料，配以不同的辅料，烹调方法各异，充分发挥一菜多吃的神韵，每道菜品所变的仅是配料、调料、烹调方法和造型。宴会菜品制作工艺难度较大，要做到“主料不变中有变，变中主料不能变”，例如，饺子宴、河蟹宴、全羊宴、烤鸭宴、全鱼宴、长鱼宴、刀鱼宴、海参宴、菌菇美食宴、水产美食宴、素食美食宴等。

4. 依据地方风味命名

按地方风味命名的宴会有明显的地域特色，菜品纯正，风味地道，配有地域特征的环境布置、餐具摆设。如川菜风味宴、粤菜风味宴、鲁菜风味宴、苏菜风味宴、上海风味宴等。

5. 依据菜品数目命名

宴会注重菜品的数量，菜品的数量越多，宴会的档次越高。如八大席、重九席、三扣九蒸席、五福捧寿席、八仙过海席等。

6. 依据风景名胜命名

宴会菜点用名胜风景命名，菜式做工考究、工艺装饰很强，配合宴会厅内布置的书画，使人有一种流连忘返的感觉，如长安八景宴、洞庭君山宴、羊城八景宴、西湖十景宴等。

7. 依据历史渊源命名

将一些在古代具有特殊意义的宴会注入现代文化而产生的宴会，又称仿古宴会，如三国宴、红楼宴、满汉宴、孔府家宴等。

8. 依据时令季节命名

宴会从就餐环境布置、原料、烹饪方法和餐饮文化等方面体现出时令季节的特点，如春令宴、秋令宴、冬令宴、端午宴、中秋宴等。

9. 依据环境布置命名

宴会充分利用酒店或周边的环境，以景色为主，配合当地的特产，营造出一种特殊的用餐氛围，很有特色与情趣，如田园风光宴、山城景色宴、湖上船舫宴等。

10. 依据民族特色命名

宴会从就餐环境、原料构成、烹调方法等突出民族特色，如蒙古族全羊宴、白族乳扇宴等。

11. 依据植物名称命名

宴会以具有高洁、雅致、富贵、吉祥等寓意的植物花草命名，展现悠远的意境和对高尚品格的追求，如兰宴、菊宴、梅宴、竹宴、牡丹宴、荷花宴等。

12. 依据文化名城命名

宴会主要突出地域文化特色，如荆州楚菜席、开封宋菜席、洛阳水席、成都田席等。

13. 依据烹饪技法命名

宴会主要突出食材的烹饪技法及制作方式，如铁板系列宴、砂锅系列宴、烧烤系列宴、火锅系列宴等。

第二节　宴会组织与管理

一、宴会组织机构管理

（一）宴会经营管理的特点

在大型的星级酒店，一般由宴会部来负责宴会的预订、策划、环境布置、宴会服务管理等业务。在宴会业务不多的情况下，宴会部隶属于餐饮部，但即使隶属于餐饮部，宴会部也拥有自己相对独立的机构体系。综合性饭店的宴会部拥有举办大型宴会的环境设施和实际能力，在宴会业务比较多的情况下，宴会部即为独立部门。宴会部拥有多个规格的多功能厅，为各类宴会的举办提供场地。举办宴会的组织一般包括宴会预订、宴会服务和宴会菜品生产三项工作。

宴会部除经营活动灵活多样外，还具有不同于餐饮部的特点。

(1) 每次宴会需要一定数量的服务人员，并在同一时间内进行大量集中的餐饮服务。

(2) 宴会每桌的用餐标准统一，在宴会现场用相同的菜单向客人提供菜品、酒水和餐饮服务，服务方式完全相同。

(3) 大部分宴会事先都有预约，宴会部是根据预约准备宴会的。零点餐厅是连续性营业的，宴会以断续性营业的情况居多。

(4) 宴会形式多种多样，需要做大量的准备工作。有些宴会需要豪华的装饰与布置，如婚宴；有些只需一般桌椅陈设及视听设备即可，如冷餐酒会、鸡尾酒会；有些由于宴会需要，还要安排娱乐节目表演。

(5) 为了宴会场面更加隆重，宴会承接方要根据宾客需求，在会场的布置上花费心思，如增设舞台、红地毯、花卉等。此外，餐桌的设置形式应根据宴会的需要不断变化。

(二) 宴会组织机构的设置

1. 宴会组织机构设置的原则

宴会部组织机构的设置必须遵循一定的原则，各餐厅企业可在这些原则的指导下，结合企业本身的营运特点，设计出符合实际业务且具特色的组织机构。

(1) 根据宴会业务需要设计组织机构

宴会部的工作通常包括主题宴会策划与销售、预定菜单设计、原料采购、原料验收、储藏原料、加工烹调、宴会厅服务等业务活动。但不同的餐饮企业各有不同的特色和侧重点，任何宴会部门的组织机构都必须根据各自的实际情况和需要，如规模、性质、市场等因素综合考虑。例如，有的酒店与餐饮企业宴会部设立专门的部门进行主题宴会的策划与销售，以及菜谱的开发与创新；而有的大型酒店宴会部通常设立专门的部门负责宴会的预订工作、客户档案管理等宴会业务信息管理事宜。

（2）统一指挥，分层负责

宴会业务部门的工作十分繁杂，从宴席预订、制定菜单、经营计划、组织、实施到宴席结束，以及宴后跟进等工作，都需要全体员工的共同努力方可完成。因此，其组织机构必须保证各种业务活动能在统一指挥下协调一致，以免造成多头管理、越级管理等现象。在权责方面，要做到逐级授权，分层负责、责权分明，分工协作，以确保各项业务活动有条不紊地进行。

（3）因人制宜，各司其职

宴会部门在员工定岗或分配工作任务时，应根据员工的工作能力、技术水平，因人制宜，适当安排，如此才能充分调动员工的工作积极性，完成部门的工作目标。

2. 宴会部组织机构

一般来说，宴会部的组织机构大致由四个层级组成。

（1）部门最高管理层：宴会部经理。

（2）现场管理层：宴会部业务经理。

（3）作业组织层：宴会厅主管、宴会部预订主管、宴会厅领班。

（4）作业层：宴会部秘书、宴会部预订员、宴会厅服务员。

其中，部门最高管理层和现场管理层的职能是对宴会部的计划、促销、督导、成本控制等进行管理；作业组织层和作业层的职能是负责宴会部的生产、销售等一线工作。管理层次一般都呈金字塔形式，从塔底到塔顶，由宽到窄。管理的幅度则是越往上层，管理难度越大，管理的幅度越小。

二、宴会组织流程管理

（一）宴会预订阶段

宴会部受理预订是宴会流程的第一步，也是重要的一个环节。预订工作做得好与坏，直接影响到宴会的设计策划及整个宴会活动的组织与实施。因此，宴会部应设预订专门机构和岗位，挑选有多年餐饮工作经历、了解市场行情和有关政策、应变能力较强、专业知识丰富的人员承担此项工作，从而推动宴会的销售。

1．宴会预订的主要工作流程

（1）宴会洽谈。

（2）接受预订。

（3）填写宴会预订单。

（4）填写宴会安排日记本。

（5）签订宴会合同书。

（6）收取订金。

（7）跟踪查询。

（8）正式确定。

（9）发布宴会通知。

2．宴会预定的主要了解信息

宴会部要了解有关宴会活动的各种信息，从而为宴会活动的策划和设计提供正确、充足、必要的依据，这些信息包括：赴宴客人人数、宴会规格、宾客风俗习惯、宾客生活忌讳、宾客特殊需要。如果是外宾，还应了解国籍、宗教、信仰、禁忌和口味特点等。

对于规格较高的宴会，还应掌握下列事项：①宴会的目的和性质；②宴会的正式名称；③宾客的年龄和性别；④有无席次表、座位卡、席卡；⑤有无音乐或文艺表演；⑥主办者的要求、想法。

（二）宴会设计策划阶段

宴会部在接受宴会预订，签订宴会合同之后，就应着手根据了解的信息进行宴会的设计与策划工作。

宴会的设计与策划，简单地说就是在受理预订后、举办宴会前，根据有关信息资料和宴会规格要求，编制主题突出、科学合理、令主办者满意的宴会活动计划。宴会计划的内容要详细、明了，只有经过周密的策划与设计之后，才能进行宴会的准备和组织实施。

宴会设计策划的内容如下：

(1) 宴会厅环境与气氛策划，包括：宴会厅的餐桌与台型设计；宴会厅绿化和鲜花等装饰设计；讲台和话筒的位置；宴会娱乐项目策划，如背景音乐、乐队人员的位置安排、文艺演出的场地范围等；灯光；等等。

(2) 宴会服务策划，包括：主桌台的席次排列；贵宾（VIP）随行人员座位安排；随行人员和陪同人员座席安排；宴会服务人员人数确定及工作安排；管理人员、服务人员岗位位置安排；上菜、撤盘的线路设计；餐具、布巾等项目的数量。

(3) 宴会食品策划与菜单设计，包括：宴会菜单设计；宴会食品原料的采购与加工安排；宴会酒单设计；等等。

上述宴会活动的所有计划内容，并不是完全由宴会部制定，而是由酒店相关部门分别拟定的，各部门依照所收到的宴会通知单，各自拟定所负责部分的工作计划，并列出工作清单，作为标准的依据。若为特殊的宴会，如大型酒会或国际会议，宴会部可将各部门集合开会，共同策划，各部门有任何问题，都可在会中讨论并加以解决。宴会部将讨论结果印成书面资料分发给各部门，各部门根据收到的工作安排表分头进行相关工作。宴会工作千头万绪，各部门工作计划的拟定相当重要。

除了上述宴会活动计划外，宴会部还应编制一个宴会时间控制表。从客人进入宴会厅到整个宴会结束，将期间的各项活动纳入控制表中，并落实到每位服务人员，使整个宴会有计划、有步骤、有条不紊地进行。

（三）执行准备阶段

1. 宴会场地布置

宴会工作人员在进行场地布置时，应该充分考虑宴会的形式、宴会的标准、宴会的性质、参加宴会者的身份等有关情况，进行精心设计与安排，使宴会场景既反映出宴会的特点，又使宾客进入宴会厅后有清新、舒适和美的感受，以体现出高质量、高水平的服务。

宴会场地何时着手布置，应视宴会复杂程度而定，可能在宴会当天、前一天或数天以前，并应由各部门根据场地规划进行安排。客人若有提前布置场地的需求，负责人员应先了解该场地是否有空当，并依照宴会厅规定收取场租之后，方可让客人进场布置。

2. 人员的分工

人员分工必须根据宴会类型，针对迎宾、值台、备餐、传菜、酒水、服务桌、供酒、区域负责人等进行工作任务分配，将任务落实到每个人。宴会部主管应在宴会开始前，计算所需服务人员的总数，若有人数不足的情形，宜提早申请临时工。为确保临时工能随时补缺，酒店应预先安排临时工的来源，比如，对社会人士或酒店其他部门的人员进行培训，并随时保持联系以备不时之需。

3. 物品的准备

(1) 台面用品

宴会服务使用量最大的是各种餐具，宴会组织者要根据宴会菜肴的数量、宴会人数计算出所需用餐具的种类、名称和数量，并分类进行准备。通常由宴会服务部开出清单交给餐饮部或管事部工作人员进行准备。所需餐具、酒具的计算方法是：将一桌需用的餐具、酒具的数量乘以桌数。各种餐具、酒具要按一定数量备用，以便宴会中增人或者损坏时替补。一般来说，备用餐具不应低于20%。桌布和餐巾同样需按照桌数准备，此外，餐巾数量也应比宴会预定人数多准备10%左右，以便应付宴会人数临时增加使用。

(2) 酒水

宴会开始前30min按照每桌的数量拿取酒水。取回后，要将瓶、罐擦干净，摆放在服务桌上，做到随用随开，以免造成浪费。

(3) 冷菜围碟

大型宴会一般在开始前30min摆好冷菜。冷菜的多少应根据宴会的规模、规格来定，一般安排8个围碟，高档宴会外加一道花式冷盘。服务员在取冷菜时要使用大长形托盘，操作规范。

4. 开宴前的检查

开宴前的检查是宴会举行前的关键环节。它是消除宴会隐患，确保宴会顺利、高效、优质举行的前提条件。宴会的组织在各项准备工作基本就绪后，应该立即对餐台进行检查。检查的主要内容包括卫生检查、安全检查和设备检查，具体内容如下：

（1）宴会厅内的摆设及形式是否同宴会订席单上的内容一致。

（2）宴会通知单上的注意事项、客人数、器材设备、桌布颜色等是否与宴会现场摆设相符。

（3）宴会厅外的海报及指示牌内容是否与宴会相符。

（4）宴会指示牌、宴会厅名称、宴会场地示意图是否正确无误。

（5）接待桌的位置及所需物品是否备妥。

（6）会场上所需物品及使用器材是否准备齐全并维持在良好状况。例如，喜宴时会场上的喜字、蛋糕、香槟酒等是否准备妥当；会议时所需的器材，如幻灯机、投影机、麦克风等是否备妥并功能完善。

（7）设备，如灯光、音响、空调等，运作是否正常。

（8）餐具、家具、地毯是否合乎卫生标准。

（9）检查房间窗帘和服务台是否整洁美观；盆花是否新鲜，玻璃、银器是否擦拭光亮；桌布和餐巾是否干净、整洁、无破损；检查服务人员是否随身携带笔、打火机及开罐器等必备物品。

5. 宴会前集会

待宴会前检查工作完成后，应在宾客达到之前集合员工召开宴会前会议，告知该宴会的注意事项。许多宴会服务工作大量采用钟点工及临时工，没有受过严格训练，所以需要事先就宴会服务工作充分协调，并且给予员工最精确的指示。

（四）组织实施阶段

1. 宴会现场的接洽

宴会人员应在宴会负责人到场时主动与其接洽，讨论该场宴会所需配合的事项及流程，领班还应将讨论要点在宴会前告知员工。

以婚宴为例，在宴会之前，一定要将婚宴的程序表与相关人员进行协商和接洽。首先要确认宴会负责人与结账人，并分别作自我介绍以认识对方，取得信任。其次，宴会人员应与负责人确认喜宴开席的桌数及酒水的数量，以免结账时有所争议。最后，双方商讨宴会流程与所需配合的事项，如致辞时间、上菜的时间、灯光与音乐的配合等事宜。一般而言，酒店会向对方负责人提供宴会程序表及宴会进行所需的相关资料，以便其掌握宴会进行流程。

2. 迎接顾客光临

临近宴会时间，可安排若干服务人员列队于宴会厅门口等待迎接客人。列队时需注意高矮顺序，男女服务员分列而站。

另外，衣帽间的管理也是迎接客人的一环，热情周到的服务将会使宾客留下美好印象。客人如有物品需寄放于衣帽间，管理员便会在寄放物上挂一个号码牌，然后将同一号码的副牌交给客人当凭证，客人离去时再凭副牌领回寄放物。有些宴会在宴会入口处设有接待桌，供宾客办理报到、签字等手续。

3. 服务时的注意事项

（1）服务人员必须了解客人的喜好及要求，进而提供热情、周到的服务。例如，有些客人不习惯别人帮忙分菜而偏好自己动手，因此，服务人员应先询问客人的意见。

（2）服务人员若在服务中遇到突发事件，必须马上向宴会厅经理反映，以便做最快速且最适当的处理。

（3）服务人员在服务过程中应谨言慎行，不能窃窃私语或对顾客的行为妄加评论。

（4）服务人员完成上菜与收拾等分内的工作后，若暂时没有其他任务，仍须坚守在自己的服务区内待命。进行宴会服务时，服务员应随时保持机动性，一方面，留意自己的客人是否需要其他临时性服务；另一方面，注意主桌服务员的动作或当班主管的信号，绝对不能倚墙靠椅，也不可和同事聊天说笑。

4. 宴会经理或主管的职责

宴会进行过程中，宴会经理或主管要加强现场指挥，其工作重点包括：

（1）了解宴会所需时间，以便安排各道菜的上菜间隔，控制宴会进程。

（2）了解主人讲话、致辞的开始时间，以决定上第一道菜的时间。

（3）掌握不同菜点的制作时间，做好与厨房的协调工作，保证按顺序上菜；同时，注意主席与其他席面的进展情况，防止过快或过慢，影响宴会气氛。

（4）整个宴会进行过程中，要加强巡视，及时纠正服务上的差错，处理一些意外事故；督促服务员严格遵守操作规程，掌握宴会进度。

（5）客人用餐结束后，要迅速组织服务员拉椅让座，告别客人；组织服务员立即清台。

（6）如果宴会后安排有歌舞等娱乐活动，要组织有关服务人员及时到位，确保娱乐活动顺利进行。

（五）宴会结束工作

1. 结账工作

宴会后的结账工作是宴会收尾的重要工作之一，结账要做到准确、及时。如果结账发生差错，多算会导致主办单位的不满，影响宴会厅的形象；少算则使宴会厅的利润受损失，相应增加了宴会成本。

在预订宴会时，客户与宴会部门双方便已就付款方式达成协议，所以在宴会接近尾声时，为确保结账正确无误，要认真做好如下工作：

（1）负责结账的人员必须逐一清点所有必须计价的项目，然后再依单价和实际数量，结算出总消费金额，各项费用务必先行确认，不可遗漏，金额也应核对清楚。

（2）在宴会各种费用单据准备齐全后，由酒店财务部门统一开出正式收据，宴会结束马上请宴会主办单位的经办人结账。

（3）如有额外消费服务，领班应在宴会前先请主办人签字同意。

2. 撤台、清场

宴会结束后，宴会主管人员应监督服务人员按照事前的分工进行撤台并整理宴会场地，抓紧时间完成清洗餐具、打扫餐厅的工作。负责清洗餐具的服务人员要做到爱护餐具，洗净擦净，分类摆放整齐，把餐具的破损率降到最低。负责整理宴会厅的服务人员要把宴会厅恢复原样。宴会组织者在各项工作基本结束后要认真进行全面检查，最后切断电源、关好门窗。

3．跟踪回访

在宴会结束后，宴会部经理或主管应主动征询主办单位或主办个人对宴会的评价及意见，并向他们表示感谢。征求意见可以从菜肴、服务、宴会厅设计等几个方面考虑。如客人对菜肴的口味提出意见和建议时，应虚心接受并及时转告厨师，以防止下次宴会再出现类似问题。征求意见可以是书面的，也可以是口头的。如果在宴会进行中发生一些令人不愉快的情况，要主动向宾客道歉，求得宾客的谅解。

顾客离店后，宴会部要及时跟踪回访。宴会部秘书需打印一份跟踪表或征求意见表交付预订员，由预订员亲自拜访或打电话给客户，追踪客户对此宴会的满意程度以及对酒店的改进意见和建议，并希望今后加强合作。

宴会部经理也可寄一封感谢函给每一位宴会的主办人员，并请其评估该次宴会的优缺点，作为酒店未来改进工作的依据。

第六章　食品原料管理

第一节　食品原料的采购管理

一、采购目标、方式及采购程序

（一）采购目标与方式

餐饮原料是餐饮生产和服务的重要物质基础。菜单确定之后，为满足顾客的需求，菜单上的所有菜品生产所需的原料均需通过采购工作来完成。

1. 餐饮原料采购管理的目标

（1）明确质量标准，保证每种原料的质量都符合一定的使用规格和标准。

（2）确定采购数量，为厨房等加工部门提供适当数量的食品、饮料原料。

（3）保证采购的价格和费用最为优惠，使食品原料成本处于最理想的状态。

（4）选择适当的供应商。

2. 餐饮原料采购的主要方式

（1）饭店采购部负责所有餐饮物品的采购。这种采购方式的优点是比较规范，制度比较严密，采购资金的管理也较严格；缺点是采购的周期较长、即时性较差。因此，餐饮部管理人员必须对食品原料的质量进行规范化，对采购运作时间予以明确规定，以保证供需的协调一致。

（2）饭店餐饮部负责所有餐饮物品的采购。由于原料采购由餐饮部自己管理，因此这种采购方式具有及时、灵活、原料质量可以得到保证等优点。但采购的数量控制、资金和成本控制都难以掌握。因此，餐饮部应制定相应的规章制度，严把质量和数量关，使采购环节的成本费用降到最低。

（3）饭店餐饮部负责鲜活物品的采购，饭店采购部负责可储存物品的采购。这种采购方式比较灵活。其弊端就是多头采购，给管理、协调工作带来了许多麻烦。

食品原料的采购究竟采用何种方式，应该根据饭店的自身情况及饭店所在地原料市场的供应情况来决定。

（二）食品原料的采购程序

采购程序是采购工作的核心之一。实施采购首先应制定一个有效的工作程序，使从事采购的有关人员和管理人员都清楚应该怎样做、怎样沟通，以形成一个正常的工作流程，也使管理者便于履行职能，知道怎样去控制和管理。各饭店可根据自己的管理模式，制定符合本饭店的采购程序。通常，餐饮原料采购程序如图 6－1 所示。

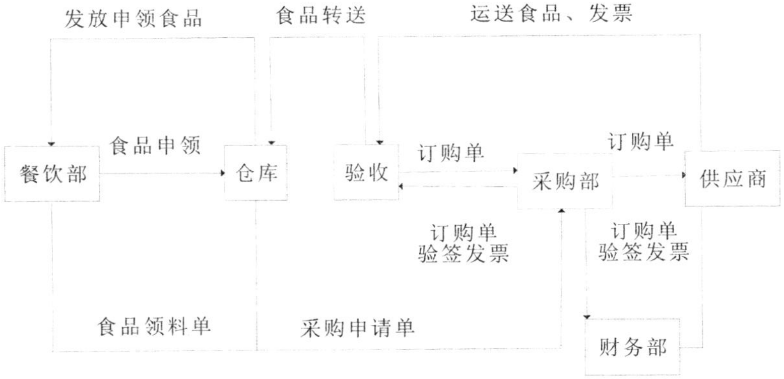

图 6－1　餐饮原料采购程序

由图 6－1 可知，使用部门所需要的食品应向储藏仓库申领。申领应通过正式的申请手续——食品领料单，仓库根据申领手续发放。发放的食物原料既可以是仓库本身保管储藏的，又可以是当天经验收合格的新鲜食品原料。

使用部门和仓库分别通过采购申请单向采购部门提出订货要求，餐饮部的订货品种是除仓储之外的食品，通常为新鲜食品；而仓库订购的是各类需储存保管的食品，当库存量低于规定的数量时，就要提出申购，补足必要的库存量。

当采购部门接到订货申请之后，通过正式的订购单向供应单位订货，同时给验收部门一份订购单，以备收货时核对。

订货后，供应单位或个体经营者送货上门，由验收部门验收合格后转送入库；如供应单位不提供送货服务，则由采购部门承运回来，交验收部门验收入库。当验收部门收到厨房订购的新鲜食品时，应立即通知厨房通过申领手续及时领取。

对于单据的处理，应由验收部门将货物发票验签之后，连同订购单交采购部，采购部再交财务部门审核，并向供应单位支付货款。

在整个运行程序中，各项工作均应以向生产部门及时提供适质、适价、适量的食品为唯一目标，各部门在提供食品时都负有各自的责任，管理者应严格按采购程序对采购过程进行督导和管理。

二、食品原料采购控制的方法

（一）原料采购质量控制

食品原料的质量是指食品原料是否适用。食品原料的质量是餐饮产品质量的保证，因此，要对原料质量进行控制。要想控制餐饮原料质量，首先应制定食品原料的质量标准。通常是用采购规格书的形式，列出所需采购的食品原料的目录，规定对各种食品原料的质量要求。

1. 采购规格书

采购规格书是以书面的形式对餐饮部要采购的食品原料的质量、规格等做出规定的采购书面标准。

（1）采购规格书的格式与内容如表6—1所示。

表6—1 采购规格书的格式与内容

原料名称	
原料用途	详细介绍物品的用途（如橄榄用来装饰饮料，猪排用来制作烤酿馅猪排）
原料概述	列出提供原料的一般质量指标。如猪排、里脊完整无缺，外有脂肪层，厚度2cm，冰冻状态，无不良气味，无解冻、变质现象
原料的详细说明	列出有助于识别合格产品的因素。这些因素包括产地、规格、品种、份额大小、容器、类型、商标名称、净料率、式样、稠密度、等级、包装物等
原料检验程序	收货时对应该冷藏保管的原料可用温度计测出，通过计数或称重检验数量
特殊要求	明确表明质量要求所需的其他信息，如投标程序、包装要求、交货要求等

（2）采购规格书的作用如下。

①有助于采购人员和管理人员明确食品原料的质量标准。

②有助于为食品生产提供合格的原料。

③有助于搞好食品原料的验收和发放工作。

④可避免采购人员与供货商之间的误解。

⑤将采购书发给几个供货商，便于供货商投标，也使酒店有选择最优价格的机会。

⑥便于采购工作的顺利进行。每次订货时，不用口头向供货商重复说明原料的质量要求。

⑦可以避免采购部门与原料部门之间的矛盾。

2. 编写质量标准要考虑的因素

（1）企业的类型。不同类型的餐饮企业对原料的质量标准要求不一样。快餐店与普通餐馆、普通餐馆与豪华餐厅对原料的质量要求都不一样。

（2）设备情况。企业的设备、设施情况会影响食品原料需采购的品种和数量。如果餐厅没有足够的设备准备，就需要采购较多的经过加工后的产品，故在采购书上要写明详细要求。

（3）市场环境。从市场上可购买到哪些食品原料及企业需求与供应商之间的差距，是影响质量标准制定的重要因素。如果市场上原材料种类繁多，应有尽有、标准统一，则对采购规格书的编写是有利的。此外，还要考虑交货时间和工具。

（4）菜单。企业要采购哪些食品原料是由菜单决定的。采购的任何一种原料都必须是菜单中所需要的。根据菜单上菜肴的制作要求，在采购书中要写明对原料的采购要求。

（二）采购的数量控制

1. 影响采购数量的因素

（1）餐厅餐饮产品销售数量的增减影响采购的数量。

（2）现有的仓储设施影响采购的数量。例如，若冷冻、冷藏空间过小，则不能采购过多的易变质的鱼、肉、禽蛋类原料；若除湿能力低或设备差，则不能采购过多的干货。

（3）采购点的距离远近影响采购的数量。如果采购点远，则可以增加批量，减少批次，以便节约运费，防止断档；如果采购点近，则可以减少批量，增加批次。

（4）企业财务状况的好坏影响采购的数量。餐饮企业经营较好时，可适当增加采购量；资金短缺时，则应精打细算，减少采购量，以利于资金周转。

（5）食品原料的内在特点决定了采购数量的大小。不宜久储的食品原料应“勤进快销”；易于保存的干货，则可适当增加采购数量。

（6）市场供应情况影响采购数量。

①市场供求状况的稳定程度影响采购数量。当市场上原料供应比较稳定时，采购的数量可按照其消耗速度和供货天数来计算；当原料的市场供应不稳定时（如忽多忽少或长期缺货），可以增加采购数量。

②供货单位制定的最低订货要求影响采购的数量。例如，供货单位可能会规定最低金额或最少重量等。

2. 采购对象的分类管理

(1) 鲜活原料

鲜活原料指的是蔬菜、鲜鱼、鲜肉、水果和新鲜奶制品等，这些原料一般在购进后的当天或短时间内使用，用完后再购买，所以采购的频率较高，一般采用日常采购法和长期采购法。

(2) 干货原料（可储存原料）

干货原料通常指的是干货或冷冻储存的不易变质的食品原料，如大米、面粉、罐头、调味料，以及冷冻类的肉类、水产品等，此类原料一般用定期采购法或永续盘存法来控制采购数量。

3. 鲜活类原料采购的数量控制

鲜活原料必须遵循先消耗再进货的原则，因此，当要确定某种原料的当次采购量时，必须先掌握该原料的现有库存量（通常在厨房中反映出来），并根据营业预测，决定下一营业周期所需要的原料数量，然后计算出应采购的数量。在实际操作中，可以选用以下方法。

(1) 日常采购法

日常采购法多用于采购消耗量变化大、有效保存期较短而必须经常采购的鲜活原料。每次采购的数量用公式表示为

应采购数量＝需使用数量－现有数量

式中，需使用数量是指在进货间隔期内对某种原料的需要量，它要根据客情预测，由行政总厨或餐饮部经理决定，在确定该数字时，还要综合考虑特殊餐饮活动、节假日客源变化、天气情况等因素；现有数量是指某种原料的库存数量，它通过实地盘存加以确定；应采购数量是需使用数量与现有数量之差。因为鲜活原料采购次数频繁，有的几乎每天进行，而且往往在当地采购，所以一般不必考虑保险储备量。

日常采购原料可以用饭店自行设计的“市场订货单”来表示。表中的“原料名称”可以事先打印好以免每次重复填写，其余几栏则要在每次订货时根据需使用数量和现有数量的实际情况进行填写。

（2）长期订货法

某些鲜活类食品原料的日消耗量变化不大，其单位价值也不高，宜采用长期订货法。长期订货法有两种：一是饭店与某一供应商签订合约，由供应商以固定的价格每天或每隔数天向饭店供应规定数量的某种或某几种原料，直到饭店或供应商感到有必要改变已有供应合约时再重新协商。二是要求供应商每天或每隔数天把饭店的某种或某几种原料补充到一定数量。饭店对有关原料逐一确定最高储存量，由饭店或供应商盘点进货日的现存量，以最高储存量减去现存量得出当日需购量。

长期订货法也可用于某些消耗量较大需要经常补充的饭店物资（如餐巾纸）。这些物品的大量储存会占用很大的仓库面积，由供应商定期送货更经济。

4. 干货及可冷冻储存原料的数量控制

干货属于不易变质的食品原料，包括粮食、香料、调味品和罐头食品等。可冷冻储存的原料包括各种肉类、水产品原料。许多饭店为减少采购成本，求得供应商的量大折扣优惠，往往以较大批量进货。但这样可能造成原料积压和资金占用过多，因此，必须对这类原料的采购数量严加控制。

确定干货及可冷冻储存的原料的采购数量一般有两种方法，即定期订货法和永续盘存卡订货法。

（1）定期订货法

定期订货法是干货原料采购中最常用的一种方法。因为餐饮原料品种多、使用频繁，为减少进货次数，使食品管理员有更多的时间去处理鲜活类原料的采购业务，饭店通常把同类原料或向同一供应商采购的原料，定期在同一天进行采购。也就是说，不同类型的原料和向不同供应商采购的原料的进货尽量安排在不同的日期，使验收员和仓库保管员的工作量得到平均分布。

定期订货法是一种订货周期固定不变，即进货间隔时间（一周、一旬、半月或一月等）不变，但每次订货数量任意的方法。每到某种原料的订货日，仓库保管员应对该原料的库存进行盘点，然后确定本次采购的订货数量，其计算公式如下：

需订货数量＝下期需用量－实际库存量＋期末需存量

下期需用量＝日需要量×定期采购间隔天数

日需要量指该原料平均每日消耗量，一般根据以往的经验数据得出；实际库存量为订货日仓库实物盘存得到的数字。

期末需存量指每一订货期末饭店必须储存的足以维持到下一次送货日的原料储备量，用公式表示为

期末需存量＝日需要量×订购期天数＋保险储存量

决定期末需存量时，一方面，要考虑发出订货单至原料入库所需的天数（由合同或口头约定，在这里称为订购期天数）和原料的日均消耗量；另一方面，要考虑各种原因可能造成的送货延误，要有一个保险储存量。保险储存量的多少视原料的供应情况而定，一般饭店把保险储存量定为订购期内需用量的50％。

（2）永续盘存卡订货法

永续盘存卡订货法也称订货点采购法或定量订货法，它是通过查阅永续盘存卡上原料的结存量，对达到或接近订货点储量的原料进行采购的方法，一般为大型饭店所采用。使用永续盘存卡订货法的前提是对每种原料都建立一份永续盘存卡，每种原料必须确定最高储备量和订货点量。

原料的最高储备量指某种原料在最近一次进货后可以达到但一般不应超过的储备量。它主要根据原料日均消耗量以及计划采购间隔天数，再考虑仓库面积、库存金额、供应商最低送货订量规定等因素来确定。

订货点量也就是该原料的最低储存量（定期订货法中的期末需存量）。当原料从库房中陆续发出，使库存减少到订货点量时，该原料就必须采购补充。此时，订货数量为

订货数量＝最高储备量－订货点量＋日均消耗量×订货期天数

永续盘存卡订货法的优点是，原料不足时能及时反映并采购。由于

每种原料都规定了最高储备量，所以数量上不会多购，有效地防止了原料的过量储存或储存不足。此外，永续盘存卡上登记了各种原料进货和发货的详细信息，仓库保管员不必每天库存盘点，只要翻阅永续盘存卡即可，这样能节省人力。同时，以该方法采购，可使采购数量比较稳定，不须每次都进行决策，管理上比较方便。但是，永续盘存卡采购一般是不定期进行的，采购运输的工作量较大，卡片的登记比较费时。因此，许多饭店把定期订货法和永续盘存卡订货法结合起来使用。

（三）采购的价格控制

有效的采购工作目标之一是用理想的价格获得满意的原料和服务。原料的价格受各种因素的影响，诸如市场的供求状况、餐饮的需求程度、采购的数量、食品本身的质量、供应单位的货源渠道和经营成本、供应单位支配市场的程度、其他供应者对其影响等。针对这些影响价格的因素，可以采取以下方法降低价格，保证原料的质量，以实施对采购价格的控制。

（1）规定采购价格。饭店对厨房所需的某些原料提出购货限价，规定在一定的幅度范围内，按限价进行市场采购。当然，这种限价是饭店派专人进行市场调查后获得的信息。限价品种一般是采购周期短、随进随用的新鲜物品。

（2）规定购货渠道和供应单位。为使价格得以控制，许多饭店规定采购部门只能向那些指定的单位购货，或者只许购置来自规定渠道的原料，因为饭店预先已同这些供应商议定了购货价格。

（3）控制大宗和贵重原料的购货权。贵重和大宗食品原料的价格是影响餐饮成本的主体。因此，有些饭店规定由餐饮部提供使用情况的报告，采购部提供各供应商的价格，具体向谁购买由饭店决策层确定。

（4）提高购货量和改变购货规格。大批采购可以降低购货单价。另外，当某些原料的包装规格有大有小时，如有可能，大批量地购买厨房可以使用的大规格包装的原料，以降低单位价格。

（5）根据市场行情适时采购。当某些食品原料在市场上供过于求、价格十分低廉而又是厨房需要大量使用的时，只要质量符合标准并有条件储存，可利用这个机会购进，以减少价格回升时的开支。当原料刚上市时，价格日渐下跌，采购量应尽可能减少，只要能满足短期生产即可，等价格稳定时再行采购。

（6）尽可能减少中间环节。绕开不必要的供应单位，从批发商、生产商或种植者手中以及市场直接采购，往往可获得优惠价格。

（四）采购方式的控制

选择和使用合适的采购方式是实现采购目标的重要保证。采购方式多种多样，采用什么样的采购方式，应该根据餐饮业务经营的要求、采购任务、食品原料的种类及市场情况进行选择。常用的采购方法有以下几种。

（1）竞争报价采购。这是一种由采购人员将需要采购的某种食品原料通过几个供货商的报价，或提取样品，从中选取质优价廉的货品为采购对象的采购方法。在餐饮企业所在地货源充足、供货商较多，餐饮企业有稳定且大量的采购需求，餐饮企业资金运转良好的情况下，可采用这种方法。

（2）招标采购。这是一种由使用方提出品种、规格等要求，再由卖方报价、投标，择期公开开标、公开比价，以符合规定的最低价者得标的买卖契约行为。其优点是公平竞争，可以使买者以合理的价格购得理想的货品，并可杜绝徇私舞弊，但手续较烦琐、费时，不适用于紧急采购与特殊规格货品的采购。

（3）成本加价采购。当某种原料的价格涨落变化较大或很难确定其合适价格时可以使用这种方法。这里的成本指批发商、零售商等供应单位的原料成本。在某些情况下，供货单位和采购单位双方都不能把握市场价格的动向，于是便采用这种方法成交，即在供货单位购入原料时所花的成本酌情加上一定百分比，作为供货单位的盈利。对供货单位来说，这种方法减少了因价格骤然下降可能带来的亏损危险，对采购单位来说，加价的百分比一般比较小，因而也有利可图。

（4）合作采购。几个类型相似的餐饮企业为了降低进货成本，将某些共同需要的原料凑成大批数量向供货单位进货，从而获得批发价或优惠价。

（5）无选择采购。在餐饮经营过程中，厨房有时急需某些品种的食品原料，而这些食品原料在当地仅有一家有货供应。在这种情况下，无论供货商如何索价，只能采取无选择采购。

（6）归类采购。饭店营业所需的原料品种繁多，必须向众多的供货单位采购，这就意味着饭店每天必须花费大量的人力和时间处理票据和验收进货。为了减少采购、验收工作的成本费用，有的饭店开始尝试新的采购方法，即凡属同一类的各种原料、物资，饭店都向同一个进货单位购买。

（7）集中采购。大型饭店公司或集团往往会建立地区性的采购办公室，为本公司该地区的各饭店企业采购各种食品原料。具体办法是：各饭店将各自所需的原料及数量定期上报公司采购办公室，公司采购办公室汇总后进行集中采购。订货以后，可根据具体情况由供货单位分别运送到各处饭店企业，也可由采购办公室统一验收，验收后再分送。集中采购的优点是：一次购买量大，可以享受价格优惠；便于与更多的供应单位联系，原料质量有更多的挑选余地；有利于某些原料的大量储存，能保证各饭店企业的原料供应；能减少各饭店企业采购员徇私舞弊的机会。集中采购也有不足，表现在以下方面：各饭店或多或少地要被迫接受采购办公室采购的食品原料，不利于饭店按自己的特殊需要进行采购；饭店不得不放弃当地可能出现的廉价原料；集中采购使各饭店菜单趋向雷同，而各饭店自行修改菜单的能力也受到局限，不利于饭店标新立异，不利于创造自己的风格。

第二节　食品原料的验收管理

一、验收标准

（一）原材料验收的基本要求

验收员应对产品的包装、气味、色泽、温度、外观、口感、制造标识、有限期限进行检查，只有色泽、状态、气味、形状完整，制造标识清晰，在有限期限内的产品才能验收入库。

（二）各类材料验收要领

（1）配送的食品与公示的配供食品的品牌、规格是否相符。

（2）食品包装是否完整、干净，制造标识、包装标签的字迹印刷是否清晰、正规，封口是否严实。

（三）具体验收标准

1. 畜禽类产品

（1）健康的猪肉、羊肉、牛肉：肉有光泽且为红色或暗红色，脂肪必须呈白色，肌纤维较有韧性，按之其凹陷部分易恢复，气味正常，无异味。

（2）优质白条鸡、乌鸡：眼睛明亮饱满，形态完整，表皮颜色因品种不同而呈现乳白、粉黄、粉红或乌黑色，皮肉结合紧密且有光泽，肉质弹性好，按之可立即恢复，表面干湿度合适、不粘手，无异味。

2. 水产品

（1）海参：主要看海参的肉质和含盐量，外表以刺排列均匀为好。

（2）鱼翅：首先看鱼翅的颜色，颜色以淡黄色为主，且有少许白色，发黑的为次品；其次看翅丝的粗细，细为上品，反之为一级品或二级品。

（3）海米：分看、闻、摸三个步骤。看：颜色以肉质发红为主，且头越大越好。闻：没有异味。摸：摸起来较为干燥，干燥的为一级品，其次为二级品。此外海米头上的黑色物质是海米的“虾脑”，营养丰富，“虾脑”越多，海米品质越好；一级品的海米不能带有太多的外壳，否则为二级品。

（4）虾皮：分看、闻、摸三个步骤。看：色泽以白色、淡黄色为最佳，淡红色为二级品。闻：不能有异味。摸：是否有质感以及虾皮的湿度，如果虾皮特别湿或者很干为二级品；虾皮的外壳也不能太硬，若太硬则表明肉质不好。

(5) 虾：鲜虾有着自然的腥香味，虾身光泽、饱满，摸起来没有软烂感，虾身与虾头没有松脱。变质虾虾身暗淡，没有光泽，并且有氨臭味，虾头发红（但有的虾属于本身虾脑发红并不是变质）。

(6) 蟹类：新鲜的螃蟹一般颜色明亮，光泽度较好。冷冻变质的螃蟹有氨臭味，并有汁水流出，颜色暗淡、无光泽，壳边发红，手敲击有较响声音，相对轻。

(7) 头足类：新鲜的足类（如鱿鱼等）眼睛明亮，外皮鲜艳、挺直、有光泽、不掉皮。

(8) 鱼类：鱼身颜色光度好，眼睛发亮且有光泽，鱼鳞较亮且有光泽，鱼鳃颜色鲜红，鱼鳍坚硬。

3. 果蔬类产品

(1) 叶菜类：色泽鲜明，叶身肥壮、饱满，无伤痕，质地脆嫩。

(2) 茎根类：以色泽鲜艳、壮大、无斑点，各有其清香气味者为好。

(3) 水果类：果大说明发育正常，能体现出该品种的风味，果型越小风味越差。水果成熟与否，颜色是重要标志。如柑橘，成熟后一般底色发黄，呈橙红或鲜红色；香蕉皮色青绿说明还未成熟；苹果、鸭梨呈金黄色时口感最好。颜色鲜艳有光泽、外形端正、细腻光滑的为好，避免有挤压、磕碰的痕迹。由于果实中含挥发油的原因，多数成熟的果品有较浓郁的芳香，毫无香气说明水果还未成熟。

4. 熟食品

散装熟食、凉拌菜、配菜、面食、鲜牛奶等产品均应当日配送，其余产品交货日期不得超过保质期的 1/3（进口产品可适当延长 1/2），日期超过保质期的应撤柜不允许再销售。

(1) 标识检查。检查食品名称、配料表、生产者和地址、生产日期、保质期、保存条件、食用方法、包装规格，同时应附有合格证明。

(2) 外观检查。火腿颜色呈粉红色或玫瑰红色，有光泽，断面具有大理石花纹，弹性好。酱卤肉制品外观要求干爽，色泽新鲜，有光泽。腊肠要求外表干爽，肌肉呈红色，脂肪呈白色，红白分明，有光泽，具有糖香、醇香和腊香。香肠肠衣干燥完整，并与内含物密切结合，坚实而有弹力，无黏液和霉斑。切面坚实而湿润，肉呈均匀蔷薇红色。无腐臭，无酸败。肉干外表干净，产品较干，无杂质、无异味。

5. **冷冻品**

冷冻品应用专用低温冷藏（冻）车运输，制定5%～10%的去水去冰标准。

（1）标识检查。检查食品名称、配料表、生产者和地址、生产日期、保质期、保存条件、食用方法、包装规格，同时应附有合格证明。

（2）外观检查。单件包装完整、无破损，封口严密；产品色泽均匀，形态完整，冻结坚实，无明显粗糙的冰晶，无气孔，不变形，不软塌，不收缩；具有该品种应有的气味，无异味，无可见杂质。

二、验收体系及验收程序

（一）食品原料的验收体系

1. **称职的验收员**

饭店验收部门的设立以及验收部门与其他部门的关系因饭店规模大小而异，大型饭店有专门的验收部，而中型饭店只设一个验收员就可以了，小型餐厅没有专职的验收员，可由仓库保管员、成本控制员或财务人员兼任，但不能由采购员、厨师长或餐饮部经理兼职。选择称职的验收员是验收控制的首要环节，一名合格的验收员应具备以下素质：

（1）有很强的责任心，对验收工作感兴趣。

（2）反应灵敏、虚心好学、诚实可靠。

（3）具备较丰富的食品原料知识。

企业应制定培训计划，对所有的验收人员进行培训。验收员也应经常与厨师、餐厅经理、采购员等交流，丰富自己的食品原料知识和经验。

验收员应懂得，未经上级主管同意，任何人都无权改变采购规格，遇有特殊情况应及时向上级主管汇报请示，不得擅自做主。

验收员在工作时不应受厨师长和采购人员的干扰，验收员的相对独立有利于对整个采购过程进行监督和控制。

2. 实用的验收空间和设备

食品原料验收场地一般在饭店或餐馆的后门或边门，靠近储藏室，与厨房和餐厅在同一个区域。可以在验收场地附近设验收办公室，这样验收员就能从办公室观察到从验收到入库的一切活动，便于验收。

验收场地的配置还要同时考虑到车辆进出是否方便，是否有利于卸车搬运、便于验收物资的堆放和使用搬运工具，是否有符合食品卫生要求的环境。验收场地的大小视验收任务量而定，以不影响验收工作为准。

为保证验收工作的效率，验收部门应有适当的验收设备和工具。主要的工具有重量等级不同的磅秤、温度计、起钉器、纸板箱切割工具、榔头、尖刀等，还应有验收单、验收标签、购货发票、收货单、采购规格书等单据、材料。

3. 科学的验收程序和良好的验收习惯

验收程序规定了验收员的工作职责和工作方法，使验收工作规范化。同时，按照程序进行验收，养成良好的习惯，是验收高效率的保证。

4. 不定期检查

餐饮企业管理人员应不定期检查验收工作，复核货物的重量、数量和质量，并使验收员明白，经管人员非常关心和重视他们的工作。

（二）食品原料的验收程序

科学、合理的验收程序是保证食品质量和控制成本的关键。原材料的验收管理就是要核对采购的数量、质量和价格，检查质量标准是否与订购单一致，核实送货数量和价格是否与发货单一致。因此，验收程序主要围绕这三个方面开展，具体步骤如下。

1. 核对订购单

当供货单位送来食品原料时，验收员应将供货单位的送货发票与事先拿到的相应的“订购单”进行核对。首先，验收员，应核对送货发票上的供货单位的名称与地址，避免错收货和接收本饭店未订购的货物。其次，核对送货发票上的价格。若发票上的价格高于“订购单”上的价格，则验收员要询问送货员提价的原因，并将情况反映给采购部经理、成本控制员或厨师长，无论退货还是不予退货，都要有厨师长和成本控制员在“货物验收单”上签字，以表示责任。若供货单位送货时的价格低于“订购单”上的价格，则验收员应请厨师长检查食品原料的质量，质量合格，厨师长在“货物验收单”上签名，验收员可按此价格接收这批原料。

2. 检查原料质量

食品原料检验员检验的依据是“食品原料采购规格标准”“请购单”“订购单”。因为这些表单中均有对所采购的食品原料质量要求的描述。一套完整的“采购规格表”应贴在墙上或大的指示牌上，以便到货时核对参考。若发现质量问题，如食品原料的腐烂、变色、气味怪异、袋装食品过期、水果有明显斑痕等现象，验收员有权当时退货。

3. 检查原料数量

验收员根据“订购单”对照送货单，通过点数、称量等方法，对所有到货的数量进行核对。

4. 在发票上签字

所有送货都应有送货发票。送货员呈现给验收员的送货发票有两联，送货员会要求验收员在送货发票上签名。验收员签名后，将第二联还给送货员以示购货单位收到了货物，第一联交给财务人员。发票上面应该有价格，验收员在签名前要检查发票上的价格与订货单上的价格是否一致，避免给企业带来损失。

5. 填写验收单

验收员确定其所验收的这批食品原料的价格、质量、数量全部符合

“订购单”或“食品原料采购规格书”后，可填写“验收单”。验收单一式四联：第一联交验收处，第二联交储藏室，第三联交成本控制室，第四联交财会部。

6. 退货处理

若送来的食品原料不符合采购要求，则应请示餐饮部经理或厨师长；若因生产需要决定不退货，则应由厨师长或有关决策人员在“验收单”上签名；若决定退货，则应填写“退货单”。

退货单上应填写所退货物名称、退货原因及其他信息，并要求送货员签名。“退货单”一式三联：一联留验收部，一联交送货员带回供货单位，一联交财会部。此时，要设法通知供货单位关于退货的情况，如果供货单位补发或重发，则新送来的货物按常规处理。

交货中如有腐烂食品原料，退货之后，应向采购部有关人员报告，以便尽快找到可替代的供应来源或可能的生产办法，以减少生产部门的不便。

7. 盖“验收章”

验收员检查完食品原料的价格、数量、质量及办理完必要的退货之后，可在获准接收的食品原料的送货发票上盖“验收章”，并把盖了“验收章”的送货发票贴在“验收单”上送往财会部。验收章内容包含饭店名称、验收员签名、验收日期、成本入账部门。

使用验收章有以下几种意义：证实收到食品原料的日期；验收员签名可明确责任；管理人员签名表明已知道收到订购的食品原料；食品控制核对发票金额的正确性。

8. 注明信息

在货物包装上注明发票上的信息。注在货物包装上的信息主要有：收货日期（有助于判断存货流转方法是否有效）、购价（在存货时不必再查询验收日报表或发货票）。

9. 存货标签

对所收到的肉类和海产品加上存货标签。所有冷藏室的肉类和海产品等成本费很高的食品原料，都必须系上“冷藏鱼肉食品”标签。肉类标签有正、副两联（也可以是上、下或左、右两联），正联由验收员用绳子扎在食品外包装或者直接拴在食品原料上，副联与“验收单”一起交成本控制办公室。

厨房领料时，连同标签一起发给厨房。若厨房没有整包、整箱领料，则储藏室应根据领用数量重新写标签，正联写领剩下的货物数，并扎在领剩下的冷藏食品上，副联写所领数量，并连同所领货物一起送到厨房。

厨房领料之后，解下标签，加锁保管。原料用完之后将标签送食品会计师，核算成本。

食品成本控制员核对由其保管的正标签和厨房送来的副标签，根据未使用的标签，盘点存货。若发现存货短缺，则应分析是否存在偷盗，或者记错了金额等情况。

10．收货储存

将到货物品送到储藏室、厨房。所收到的食品原料一部分被直接送到厨房或销售地点，称作“直拨原料”，另一部分被送到储藏室，称作“入库原料”。出于质量和安全方面的原因，验收员应负责把货物送到储藏室。由供应单位的送货员直接把货物送入仓库存放的做法是不可取的。当送货员离去后，验收人员或本单位其他工作人员应把货物迅速搬到安全可靠的储藏室中。验收员把“验收单”中规定的一联交给储藏室管理员，后者根据“验收单”再次验收，最后入库储存。

为了便于进行食品成本核算，验收员在发票上明显的地方逐项注明哪一项是直接送厨房的，哪一项是送仓库的；或者根据不同的送货地点，使用不同颜色的发票，以方便送货，并凭此编制“验收日报表”。

11．填写“验收日报表”和其他报表

验收完毕之后，大多数大型企业要求验收员完成一张列明所有收货项目的表格，这类表格通常以供货商分类，以验收的顺序排列。表格之一是“验收日报表”。除了每种食品原料的价格栏目外，该表将成本分为三类：直拨、储藏室和杂项。杂项指不是食品原料的项目，如纸张和清洁用品，不属于食品原料的成本。

12. 将各种验收记录呈交给有关部门

验收员在所有发票上盖章签字，并把发票贴在“验收单”上，然后将贴着发票的“验收单”送至管理员。管理员在发票上签字后送至成本控制员，由成本控制员核对发票数字的正确性。成本控制员检查完毕后，送交财会部，财会部会将有关数字填进采购日志内。

当“验收单”还在验收员手上时，应该记直拨成本，因为直拨成本是在食品原料一收到时就计入成本的。

建立验收程序的目的是保证企业收到的货物是已订购的数量、已明确的质量和已报过的价格。不论对大型企业还是小企业，这些步骤是最基本的，也是通用的。控制体系越完备，越需要更多的人力和设备，当然，这样做也会增加成本。但是，即使小型的个人业主制的餐饮企业也必须采用基本的步骤，以防止在验收过程中由于数量、质量和价格方面的问题而引起的成本过高。

第三节　食品原料的储存管理

一、食品原料的储存控制

（一）食品原料的储存要求

餐饮原料的储存是生产和销售的准备阶段，有效的库存可以使餐饮生产和销售活动均衡地、不间断地进行，可以保证餐饮产品的质量。同时，这也是减少浪费，进行成本控制的重要环节。

1. 仓库的分类

由于不同原料要求在不同的温度、湿度条件下保存，因此，饭店应设置不同功能的储藏库房。根据不同的分类依据，库房通常有以下几类。

（1）按地点分类

①中心库房：饭店的总库房。

②各餐饮营业点库房：一般设在各厨房或酒吧，只储存短期内使用的原料。

（2）按物品的用途分类

①食品库房。

②酒类饮料库房。

③非食用原料库房。

（3）按储存条件分类

①干藏库房：主要存放各种罐头食品、干果、粮食、香料及一些干性食品原料。

②冷藏库房：主要存放蔬菜、水果、蛋、黄油、牛奶，以及需要保鲜的禽、鱼、肉类原料。

③冻藏库房：主要存放需较长时间保存的冻肉、水产品、禽类和已加工的成品或半成品食物。

2. 仓库的位置和面积

在规划餐饮场所时，仓库往往是最容易被忽略的地方。它经常让步给餐厅、厨房等要害部门，其实这样做会造成餐饮运作及管理效率的低下。因此，在整个餐饮功能划分中，要充分考虑仓库的位置与面积。

（1）仓库的位置

仓库应设在原料验收处和厨房之间，三者离得越近越好，这样可以减少原料的搬动距离，减少人流、物流的拥挤，避免延误原料供应。实际上，由于不同饭店建筑结构上的原因，各个厨房与验收处往往不在同一楼层。这时，就应考虑把库房设在验收处附近以方便及时地把验收后的原料入库储存；或者考虑设在地下室内，因为地下室避光的储存条件和相对容易控制的温度、湿度对原料的保存是有利的。在中心仓库与各厨房相距较远时，要求厨房制订出较为周密合理的用料计划，尽量减少领料次数。

（2）仓库的面积

仓库的面积和容量必须充裕。就具体餐饮企业而言，要根据自身的类别、规模、菜单特点、客流量、原料市场供应状况、采购方针及订货周期等因素来确定仓库面积。菜单丰富或经常变换的餐厅，仓库面积应大些；订货周期长、采购批量大的餐厅，所需的仓库面积也大；快餐厅、咖啡厅及供应品种有限的餐厅，仓库面积可小些。

仓库面积过大，会增加能源费用和维修保养费用，也可能造成存货过多，增加安全保卫的难度；仓库面积过小，会使原料存放混乱，保管人员不易整理，仓库清洁工作困难。

仓库面积一般为餐饮总面积的10%～12%。从目前来看，一方面，客人对菜品的新鲜度要求越来越高；另一方面，市场上的商品越来越丰富，所以仓库的面积有缩小的趋势。

3. 仓库的温度、湿度、光照和通风

食品原料保质期的长短与储存过程中的温度、湿度、光照、通风等条件密切相关。仓库管理员应熟悉各种原料的储存要求，使原料处于最佳储存状态。

（1）温度要求

①干藏库。干藏库房一般不需要供热和制冷设备，其最佳温度为15～20℃。一般而言，温度低一些，食品的保存期可以长一些，如果库房不设空调设备，则应选择远离发热装置的位置，且有较好的防晒措施。

②冷藏库。一般而言，细菌在4℃以下活动能力有限，15～49℃最宜繁殖，在高温（90℃以上）下易被杀死。冷藏是利用低温抑制细菌繁殖的原理来延长食品的保存期和提高保存质量的。饭店常用冰箱、冷藏室对食品进行低温保存。

由于食品的类别不同，对储藏的温度、湿度条件的要求也各异。表6—2列出了常见食物最适宜的储存温度和相对湿度。

表 6—2　常见食物最适宜的储存温度和相对湿度

食品原料	储存温度	相对湿度
新鲜肉、禽类	0～2℃	75%～85%
新鲜鱼、水产类	−1～1℃	75%～85%
蔬菜、水果类	2～7℃	85%～95%
奶制品类	3～8℃	75%～85%
一般冷藏品	1～4℃	75%～85%

③冻藏库。冻藏的温度应在－18℃以下，而且温度要稳定，冻藏原料的保存期也不是无限期的，它们一般不超过 3 个月。

（2）湿度要求

仓库的湿度也会影响食品原料储存时间的长短和质量的高低。湿度太大，微生物容易繁殖，原料会迅速变质；湿度过小，会引起食物干缩、失鲜。不同原料对湿度的要求也不一样。

①干藏库。相对湿度控制在 50%～60%为宜。要防止库房的墙、地面返潮，管道滴水等引起湿度的增加。干藏库应挂有湿度计和温度计以供保管员随时观察。

②冷藏库。相对湿度应保持在 75%～85%，蔬菜、水果的储存湿度可高一些。

（3）仓库照明

强烈的光照对原料的保存不利。仓库如有玻璃门窗，应尽量使用毛玻璃。在选用人工照明时，应尽可能选用冷光灯，灯的功率以每平方米 2～3W 为宜。

（4）通风

仓库应保持空气的流通。不管何种仓库，原料的存放都不能贴墙，也不能直接堆放在地上或堆放过密。干藏库的空气每小时应交换四次。通风良好有助于保持适宜的温度和湿度。

（二）食品原料的库存管理

1. 存放方法

科学、合理地存放原料，可以保持较高的工作效率，便于原料的入库、上架、清仓盘点和领用发放。

（1）分区分类

根据原料的类别，合理地规划货品摆放的固定区域。同一品种的原料不能放在两个不同的位置上，否则容易被遗忘，也会给盘点带来麻烦，甚至可能引起采购过量。

（2）四号定位

“四号定位”就是用四个号码来表示某种原料在仓库中的存放位置。这四个号码依次是库号、架号、层号和位号。任何原料都要对号入位，并在该原料的货品标牌上注明与账页一致的编号。例如，西式火腿在账页上的编号是2—1—1—3，即可知它存放于2号库中、1号架第1层的第3号货位上。

“四号定位”法便于存料发料、盘点清仓，也便于新来的仓库保管员尽快掌握储藏业务。

（3）立牌立卡

对定位、编号的各类原料建立食品存货标签（料牌）和永续盘存卡。料牌上写明原料的名称、编号和到货日期，卡片上记录物品的进出情况和结存数量。

（4）五五摆放

根据分类后的物资形状，对包装较为规范的罐、瓶、盒、箱装的原料，以五为计量基数堆放，即做到“五五成堆、五五成行、五五成排、五五成串、五五成捆、五五成层”。

2. 各种原料储存的基本要求

不论干藏、冷藏还是冻藏，在原料的保管储存中都要做到以下几点：

（1）储存的各种货物不应接触地面和墙面，一般距离地面15cm、离墙5cm以上。

（2）非食用原料不能储存在食品库房内。

（3）标明各种货物的编号、名称、入库日期等有关信息。

(4) 常用的或单位重量较大的货物放在离出口近的地方或货架的下部。

(5) 确保货物的循环使用，即执行“先进先出”的原则。

(6) 对滞压货物要进行报告，请厨师长及时使用。

(7) 定期清洁仓库或储藏室。

(8) 将开封的原料放在加盖并有标识的容器内。

(9) 定期检查仓库的温度、湿度是否适宜。

3. 冷藏库的储存管理要点

(1) 原料在验收后应尽快储藏。

(2) 温热的成品和半成品在冷藏前应先冷却再冷藏，否则易损坏制冷设备。

(3) 应拆除原料外包装后，再将原料放入冷藏箱。因为外包装上往往有污泥及细菌。

(4) 有强烈或特殊气味的原料或食物应在密闭容器内冷藏。

(5) 冷藏设备的底部及靠近制冷管的地方一般温度较低，宜放肉类、禽类、水产类等原料。

(6) 当制冷管外的冰霜厚度超过 0.5cm 时，应进行除霜处理，以提高制冷效果。

(7) 重视冷藏库、冰箱的卫生，定期清洁。

(8) 已加工的食品和剩余食物应密闭冷藏，以免受冷干缩或有异物混入，并防止与其他食物串味。

4. 冻藏库的储存管理要点

(1) 冻藏原料在验收时必须处于冰冻状态。

(2) 冻藏自制半成品和成品时最好先使用速冻设备，使之迅速降温，保持原料质量的鲜美。

(3) 温度保持在－18℃以下，且温差要小。要求存料、发料有计划性，尽量减少冰库的开门次数和时间。

(4) 冻藏的原料（尤其肉类）应用抗挥发性的材料包装，以免原料失水引起变色、变质。

（5）冻藏原料的解冻处理要得当，在解冻过程中不得受到污染。各类食品应分别解冻。解冻一般在室温下进行，也可用塑料袋包妥后在冷水中冲洗。

（6）冻藏原料一经解冻，不得再次冷冻储存，否则食物内复苏的微生物会引起食物腐败变质，而且再次冰冻会破坏食物内部组织，影响外观、营养和食物香味。

（7）冷冻的蔬菜、面点类食品不用解冻即可直接烹饪，这些食品不经解冻反而能更好地保持色泽和外观。

二、食品原料的发放控制

各厨房、酒吧等营业点使用的原料均须经过领料（发料）这一环节。对这一环节的管理要达到三个目的，即保证各营业点用料得到及时充分的供应，控制各营业点用料数量，以及正确记录各营业点的用料成本。

（一）原料发放的形式

原料的发放形式有两种：直接发放和仓库发放。

1. 直接发放

直接发放的原料主要是易腐败原料，也就是直接采购的原料。这些原料经验收合格后无须入库保存，从验收处直接发到厨房，其价值按当日进料价格记入当天食品成本账内。食品成本控制员在计算当日食品成本时只需从验收日报表中的直接进料栏中抄录数据即可。

当然，实际情况并不会这么简单。最常见的情况是当日的进料不能完全用完，剩余部分第二天、第三天才用完，但原料成本却记在第一天里，这样第一天的食品成本就不真实。要想精确核算食品成本率，必须对当日直接发放、储藏室发放及当日厨房剩余原料进行统计。

2. 仓库发放

仓库发放的原料包括干藏食品、冷藏食品和冻藏食品。这些原料经验收后入库储存，当生产需要时再由仓库发放到厨房和酒吧，在发出当日转入当日食品成本。

（二）库存原料发放的控制

1. 定时发料

为使仓库管理人员有充分的时间整理库房、检查各种原料的库存情况，不至于忙于发料而耽误其他工作，应规定每天的领料时间。有的饭店规定每天上午两个小时（如8：00～10：00）和下午两个小时（14：00～16：00）为仓库发料时间，其他时间除紧急情况外一般不予发料。也可规定领料部门提前一天送交领料单。提前送交领料单有以下优点：可以使仓库管理员有充分的时间提前准备，避免和减少差错；能减少领料人员的领料时间；可帮助厨房管理人员对次日的顾客流量做出预测，计划好次日的生产。定时发放还有利于仓库保管，减少库存原料的丢失。

2. 凭单发料

生产部门根据自己所需要的食品原料填写领料单，仓库必须按领料单备料、发料。领料单有以下三方面的作用：

（1）控制仓库的库存。领料单是仓库发出原料的原始凭证，领料单上详细、准确地记录了发放的数量和金额，可以准确地计算账面库存额，是控制库存短缺的工具。

（2）核算各厨房的餐饮成本。领料单上清楚地反映了各厨房向库房领料的价值，因此，领料单是计算各厨房餐饮成本的工具。

（3）控制领料量。领料单是员工向仓库领料的凭证。没有领料单，任何人不得从仓库取走原料，并且员工只能领取领料单上规定的原料品种和数量。

仓库只有收到由厨师长或领料部门指定的管理人员签字的领料单时，才能发料。仓库发料时，领料人和发料人都要签字。领料单上如有空白处，应当着收料人的面划掉，以免被人私自填写。食品金额和酒水金额最好分开填写，这样有利于分类统计成本。领料单一式三联：一联交回领料部门，一联送财会部食品成本控制员，一联由仓库留存。

3. 如实记录原料使用情况

饭店厨房经常提前为数日后所需原料做准备，如大型宴会的食品常常需要提前几天准备。因此，如果有的原料不在领取日使用，必须在原料物资领用单上注明该原料消耗日期，以便将该原料价值如实记入当日成本。

4. 正确计价

原料从仓库发出后，仓库保管员应该在领料单上列出各项原料的单价，计算金额，并汇总领取食品饮料的总金额。有食品标签的肉类食品和价格相对稳定的干货类食品原料，可采用实际购价计算。如果库房不采用货物标牌制度，则可以根据货品库存卡标明的单价，采用先进先出法或最后进价法等方法计价。

5. 原材料的内部调拨

大型饭店往往有多个厨房、餐厅和酒吧。厨房之间、厨房与酒吧之间会发生食品和饮料的相互调拨。由于饭店各部门大多是独立核算成本，以反映其真实的经营情况，因此，对这些调拨应进行正确的记录。

饭店内部的原料物品调拨应使用食品饮料调拨单，填写后调入和调出部门各留一联，另一联交成本控制员，作为转账处理的凭据。在统计各餐厅和酒吧的成本时要减去各部门调出的原料金额。

6. 酒水的发放

发放酒水除了遵循食品原料发放的原则外，还有一些特殊的要求。

由于酒水饮料容易丢失，且一些名贵酒的价值较高，为了减少被偷盗的机会，饭店往往对每个营业点确定一个标准储量（一般是日均消耗量的 2～3 倍）。在一般情况下，不允许酒吧领用超过储量的酒水。因此，一些名贵酒的领用，不仅要有领料单，还要凭酒吧和餐厅退回的空瓶或整瓶销售报告单。这种做法能使酒吧（餐厅）对名贵酒的存量保持在标准储量的水平上。每天退回的空瓶数应是昨日的消耗量，每日领取的数量实际上是补充前一日耗用的数量。

如果有的顾客将酒整瓶买走，服务员不能收回空瓶，就须填写整瓶销售报告单，在领料时以它代替空瓶作为领料的凭证。

在一些特殊的销售活动（如宴会）中，无法设立标准储量，一般领取的酒水数量大于实际使用量。这些活动结束后，应将未销售完的酒水退回，退回的酒水填写在食品饮料调拨单上。

三、食品原料的存货控制

（一）库存盘点

餐饮企业原料的流动性大，为了及时掌握原料库存流动变化的情况，避免物品短缺丢失和超储积压给企业带来损失，就必须对物品流动变化的情况进行控制和检查。通过库存盘点，可以使管理人员掌握原料的使用情况，分析原料管理过程中各环节的现状。

1. 盘点的时间

（1）财务核算周期末（每年、季、月末）。

（2）新开饭店营业前。

（3）关、停、并、转企业的清算时期。

（4）仓库管理人员更换交接之际。

（5）定期检查。

（6）不定期检查。

2. 盘点的内容与程序

（1）内容

盘点工作主要由仓库管理人员和财务部人员联合进行。通过实地清点库房内的物品，检查原料的实物数与账面结存数是否相符，不相符的找出原因；计算和核实每月末的库存额和餐饮成本消耗，为编制每个月的资金平衡表和经营情况表提供依据。

（2）程序

①盘点和制作清单，即按不同类别的仓库，依原料的编号大小，在清单上填好货号、品名、单位、单价等基本数据。

②库存卡结算，在库存卡的结存栏内，根据历次进货和发货数量，

计算出应有的结存量和库存金额。

③库存实物盘点，即实地点数，并将实物数量填入盘点清单。

④对库存卡结算结果与库存实物盘点结果进行核对。

⑤计算盘点清单上的库存品价值。该价值为实际库存金额，如与账面库存额有出入，则应进行复查。

⑥实际库存金额在月末作为月末库存额计入成本账，并自然结转为下个月的月初库存额。

（二）库存原料计价方法

在盘点结束后，要计算出原料的价值。理论上讲，某种原料的库存总值应该等于实物数量乘以原料的单价。但是由于原料在不同时间购入的价格存在差异，所以确定原料的单价就不那么简单了。

在财务处理中，往往选择以下方法来确定原料的库存价值。

1. 实际进价法

大型饭店一般在库存的原料上挂有货物标牌，标牌上写有进货价格，这样采用实际进价法来计算库存原料的价值就较为容易，也最为客观。

2. 先进先出法

如果没有用货物标牌注明原料的单价，则可按照进料日期的先后，采用先进先出法计价。这种方法的思路是：原料发放以先进先出为原则，即先购进的价格，在发料时先计价发出，而剩余的原料都是最近进货，以最近价格计算。

3. 后进先出法

一般而言，市场上价格呈上升趋势，采用后进先出法可使计入成本的原料价格较高，而计入库存的价值较低，企业可以在未来的经营中减少压力。

需要说明的是，后进先出法只是原料价值计算的一种财务处理方案，在实际发料过程中还是应该坚持原料的先进先出原则，即先购进的原料先发出，避免原料积压。

4. 最后进价法

对于进货记录不全的饭店，可采用最后进价法来估计期末原料的库存价值。当然，该方法计算的月末库存额不太精确。

5. 平均价格法

平均价格法的单价是以全月可动用原料的总价值除以总数量得出的。

（三）厨房库存价值的计算

饭店的厨房内有相当多的原料、半成品和成品。如果不对这些物品加以清点，就会使它们处于失控状态，也会使财务报表上的数据失真。

由于厨房一般没有建立库存记录统计制度，没有库存卡，原料的单价难以掌握，而且这些原料品种多、数量少、耗用频繁，客观上盘点计算比较困难，因此，对这些原料价值的计算方法有别于库房原料。

厨房盘点计算原料价值的原则如下：对主要原料进行盘点核算；对辅料、调味品等单位价值较低的原料做出估算。

具体方法如下：首先，根据原料单位价值的高低把原料分为主要原料和价值较小的原料两大类，逐步积累需精确盘点的主要原料占总储存金额百分比数据；其次，在每个月的月末盘点出主要原料的价值；最后，通过主要原料的价值推算出全部原料库存的大约金额。

这里的关键是找出主要原料占总储存金额的百分比，这往往需要经过较长时间的观察统计。

总储存金额＝主要原料价值×主要原料占总储存额百分比。

（四）库存管理效率指标控制

1. 库存短缺率的控制

按照原料实际盘点数量和一定计价方法得出库房月末实际库存额后，为控制实际库存额短缺的程度，需对实际库存额与账面库存额进行比较，分析短缺额和短缺率。

库存短缺额＝账面库存额—实际库存额

账面库存额＝月初库房库存额＋本月库房采购额－本月库房发料额

上述公式中各项目的数据来源如下。

（1）月初库房库存额来自上月末的实际库存额结转。

（2）本月库房采购额来自本月验收日报表中库房采购原料金额的汇总。

（3）本月库房发料总额来自本月领料单上的领料金额的汇总。

例如，某餐厅8月底经月末库存实物盘点，实际库存额为15700元，该月库存相关数据如下：月初库房库存额为15000元，本月库房采购额为46000元，本月房发料额为45000元。则有

月末账面库存额＝15000＋46000－45000＝16000（元）

库房库存短缺额＝16000－15700＝300（元）

库房库存短缺率＝300÷45000×100％≈0.67％

根据国际惯例，库存短缺率不应超过1％，否则为不正常短缺，应查明原因。

2. 库存周转率

库存周转率反映了原料在库存中的周转情况，即消耗量与平均库存量的比例，可用公式表示为

库存周转率＝月原料消耗额÷平均库存额

月原料消耗额＝月初库存额＋本月采购额－月末库存额

平均库存额＝（月初库存额＋月末库存额）÷2

上例中，该餐厅8月份库存周转率为45000÷［(15000＋15700）÷2］≈2.9。

库存周转率大，说明每月库存周转次数多，相对库存的消耗量来说库存量较少。库存周转率应为多大取决于多种因素，如饭店所处的地理位置、采购的方便程度、企业需储备的原料量等。对于管理者来说，重要的是库存周转率的变化。如果饭店正常周转率为每月两次，但某月周转率增加或降低很多，就要查明原因。库存周转率太快，有时储备的原料就会供不应求；周转率太低，又会积压过多资金。因此，管理者应经常分析周转率的变化，保证适度的库存规模。

参考文献

[1]蔡洪胜，任翠瑜，王占伶，等. 酒店餐饮服务与管理[M]. 北京：清华大学出版社，2020.

[2]曹艳芬. 餐饮服务与管理精品在线开放课程建设的实践与思考[J]. 开封文化艺术职业学院学报，2020(11)：129－130.

[3]陈静，谭波. 餐饮服务与管理[M]. 青岛：中国海洋大学出版社，2021.

[4]崔冰洁. 从《餐饮服务与管理》谈旅游管理教学[J]. 成才，2023(3)：112－113.

[5]杜建华. 酒店餐饮服务与管理[M]. 北京：旅游教育出版社，2021.

[6]韩絮，周爱青，沈晖. 餐饮服务与管理[M]. 上海：上海交通大学出版社，2022.

[7]李艳，康桂敏，谭玉林. 餐饮服务与管理实务[M]. 镇江：江苏大学出版社，2021.

[8]李勇平. 酒店餐饮运行管理实务[M]. 北京：中国旅游出版社，2013.

[9]刘海英. 食用菌特色视角下的酒店餐饮管理[J]. 中国食用菌，2020(11)：226－229.

[10]刘红专，贾治华. 餐饮服务与管理[M]. 桂林：广西师范大学出版社，2015.

[11]欧荔，陈鹭洁，李荔娜. 餐饮服务与管理[M]. 上海：上海交通大学出版社，2017.

[12]彭荣胜，张宏丽. 餐饮管理实务[M]. 武汉：华中科技大学出版社，2022.

[13]邱艳萍. 餐饮服务与管理实验课程建设的应用[J]. 营销界，2019(28)：105，107.

[14]饶雪梅，鞠红霞．餐饮服务与管理[M]．北京：高等教育出版社，2018．
[15]宋家博，李建华，代述霞．做好餐饮服务发挥餐饮育人功能[J]．北京教育(高教版)，2020(11)：89－91．
[16]孙勇兴．餐饮企业采购控制1＋1实战手册[M]．北京：人民邮电出版社，2020．
[17]孙勇兴．餐饮业外卖管理一本通[M]．北京：人民邮电出版社，2020．
[18]王丹妮．浅析如何将中餐文化融入中职课堂——以餐饮服务与管理课程为例[J]．中国食品，2022(12)：98－100．
[19]魏芬．餐饮服务与管理[M]．合肥：安徽大学出版社，2020．
[20]肖华．论餐饮管理人才的培养[J]．科技信息，2009(18)：48，49．
[21]闫向明．智能化技术在高校餐饮服务及管理中的应用[J]．食品安全导刊，2022(23)：165－167．
[22]杨相平，胡晓涛．现代餐饮运营与管理实务[M]．成都：电子科学技术大学出版社，2020．
[23]俞华，汪舵，韩建军．餐饮服务质量的测评方法[J]．质量与认证，2019(5)：57－59．
[24]张小兵．餐饮管理服务精细化研究[J]．现代经济信息，2021(24)：38－39．
[25]章艳．高职酒店管理“餐饮服务与管理”课程思政探究[J]．当代旅游，2021(15)：76－77．
[26]赵莹雪．餐饮服务与管理项目化教程[M]．北京：清华大学出版社，2018．
[27]周静波．餐饮服务与实务[M]．上海：上海交通大学出版社，2011．
[28]朱波．浅析餐饮服务的管理规划[J]．中国高新区，2019(7)：231．